50年間投資で食べてきた
プロが完全伝授！

一生お金に困らない人の株式投資術

菅下清廣
Kiyohiro Sugashita

KADOKAWA

はじめに　資産ゼロから「お金」に困らない人生を手に入れる

結論から先にお伝えすると、「これから日本株の黄金時代がやってくる」というのが、私の読みであり、本書で一番伝えたいメッセージです。

「日本株に投資する人は、お金に困らない人生を手に入れる可能性が格段に上がり、逆に、銀行に預金するばかりで積極的に投資をしない人は、相対的に貧しくなってしまいます。さあ、どちらを選びますか？」

そう問われたなら、ほぼすべての人が前者、すなわち「日本株に投資する人」になりたいと考えることでしょう。

しかも、極端な言い方をしてしまえば、今回の日本株上昇局面での投資は、難しい理論を勉強する必要もなければ、プロだけが知っているような難しい手法を使う必要もありません。

詳細は本文に譲りますが、日経平均株価全体が右肩上がりで上昇する局面においては、将来性のない企業の株を除いて、「グロース株（成長株）」だろうが、「バリュー株（割安株）」だろうが、一緒になって上昇するからです。

私はプロの投資家で、いますぐお金を増やしたいと考えているため、これまでは中・上級者向けに、儲けるのに時間のかかる「バリュー株」ではなく、値動きが激しく、ハイリスク・ハイリターンの「グロース株」への投資をおすすめしてきました。

しかし、今回だけは違います。日本株全体が上昇するトレンドのなかでは、「バリュー株」にもチャンスが巡ってくるからです。実際、すでに、これまで長らく底値圏にあった「バリュー株」が上昇し始めています。

では、日経平均株価はどのくらいまで上昇する可能性があるか。

私の読みは、次の2つのいずれかです。

①3万5000～4万円
②8万円

「8万円⁉」と聞いて驚く人も多いと思いますが、決してふざけているわけではありません。理由を知りたい方はぜひ、本書を読み進めてください。ヒントをひとつだけお伝えすると、8万円を導き出す際に、私が着目したのは、コロナショックによる安値である「1万6552円」（2020年3月19日）です。


もうひとつ、いま投資をすべき理由を挙げておきましょう。

それは、「インフレの時代の到来」です。

「モノの値段」が上がるのがインフレですから、当然、「お金」の価値は下がります。いままで1000円で買えていたものが、1500円、あるいは2000円出さなければ買えなくなるのが「インフレ」です。当然、「銀行に預けているお金」の価値も

目減りしていきます。

こう書くと「インフレ」は悪いことのように思えますが、そうでもありません。モノの値段が上がることで企業の利幅も大きくなる可能性があり、業績がよくなれば、従業員の給料も増えます。給料が増えれば、モノやサービスを購入することができます。その結果、企業の業績はさらに良化し、給料もさらに上がる――こうしたサイクルが回り始めているからこそ、現在、日本企業の株価は上昇しているのです。

つまり、インフレの時代には、株式投資をすることが「インフレ・ヘッジ（インフレによるリスクを回避する行動）」となるだけでなく、「お金に困らない人生」を手に入れるための近道となるのです。

では、なぜ、アメリカ株ではなく、「日本株」なのでしょうか。

いま、アメリカをはじめとして、世界中の国々は「インフレ」で苦しんでいます。インフレを退治しようとして、金融引き締め（36ページ参照）を実施していますが、簡単には収束しそうにありません。その結果、株価も低迷してしまっています。

私の読みでは、この傾向は、2024年11月のアメリカ大統領選挙くらいまで続くでしょう。

また、ヨーロッパはインフレに苦しんでいるだけでなく、ロシアによるウクライナ侵攻の影響を直接受ける地域であり、経済的にも政治的にも再浮上するのに相当な時間を要することは想像に難くありません。

一方の日本はといえば、長い長い「デフレの時代」を終え、ようやく「インフレの時代」に入ろうとしているところです。これは、長らくインフレ基調にあった世界の国々とはまったく違う状況といってよいでしょう。

「いい湯加減のインフレ」「ハンディキャップ的な円安」がプラスに働き、株高となっている日本は〝またとない大チャンスを迎えているのです。

さきほど、インフレ下では「預金」の価値が目減りするとお伝えしました。日本人の資産の半分強は「預金」となっています。その額、2043兆円(「日本経済新聞」2023年6月27日)。バブル崩壊の痛手が大きすぎたからなのか、「投資はリスク」という意識が浸透してしまっているのでしょう。海外では幼いころから行なわれるマネーリテラシー（お金の教養）についての教育も、日本ではまだまだ行なわれていません。

しかし、繰り返しになりますが、インフレ下では預金の価値は相対的に下落します。モノやサービスの値段が上がる一方、お金の価値が下がることこそ、インフレの時代の最大のリスクです。学校や家庭で習うことができないなら、自ら学んで資産形成する必要があります。

いまからでも遅くはありません。株式投資は「やってみたい」「始めよう！」と思ったときが始め時です。脱デフレからインフレの時代に入り、モノの価値が上がり、企業の業績もよくなり、日経平均株価が上昇する（すでに3万円突破のニュースが連日大きく報道されました）ことに多くの人が気づけば、1億2000万人のうち相当数の日本人が資産形成をスタートさせることでしょう。

その結果として、銀行預金、タンス預金をはじめとする「眠っているお金」のうち、仮に預金の5％でも、100兆円のお金が株式市場に入ってくることになれば、日本の株式市場の時価総額は膨れ上がり、いま以上に世界の注目を浴び、グローバルマネーの流入も加速するでしょう。
そうなれば、日本の株式市場の国際的な影響力はさらに高まり、日本の価値は再評価され、みなさんが保有する「株」の価値も一段と高くなる。日経平均8万円も、ますます夢ではなくなります。

またとないこのチャンスの波に乗ることができれば、「お金に困らない人生」に一歩も二歩も近づくことができます。本書は、一歩、二歩といわず、三歩も四歩もお金に困らない人生を手に入れる確率を格段にアップさせる「考え方」を収録しています。
私の半世紀近くにわたる株式投資経験が、みなさんの人生を幸せにするお役に立てることを願っています。

2023年　秋

投資家・投資戦略家／スガシタパートナーズ代表取締役　**菅下清廣**

一生お金に困らない人の株式投資術　もくじ

2講義

まずはこれだけ知っていればOK！

投資キーワード【知識編】&【実践編】

3講義

「持っているだけ」でいいブランド銘柄

4講義

好業績・高配当銘柄で「目指せ毎月10万円！」

補足講義

中・上級者編に入る前に

ニューIPO銘柄に学ぶ「チャートの読み方」と「売買のタイミング」

5講義

余裕がある人はハイリスク・ハイリターン銘柄で冒険！

装丁　菊池　祐
装丁・本文イラスト　©iStockphoto.com/sumi mami
本文デザイン　荒井雅美（トモエキコウ）
編集協力　池口祥司
DTP・作図　エヴリ・シンク

※本書に掲載されている情報は執筆時点のものです。
※投資は自己責任でお願いいたします。本書の情報を利用されたことによるいかなる損失も、著者および出版社が責任を負うものではありません。

1講義

株式投資を始めるべきシンプルな理由

講義1では、「はじめに」に続いて、さかんにいわれる「いまこそ株式投資を!」の理由を、できるだけ簡単に説明します。みなさんもこのごろ、株式投資を始めたという人の話を聞く機会が増えてきたのではないかと思います。

もちろん、その中には儲けている人もいればその逆の人もいるわけですが——いずれにせよ、「いまこそ株式投資を!」という意識自体は正しいものです。

その理由を知ろうというのは少々面倒に感じられる方もいるかもしれませんが、ちょっと読んだら案外面白い……と思えるかもしれません。というのも、株式相場というのは思った以上に、みなさんが目の当たりにしている世界や日本の出来事、そしてそれによって変化する人々の感情に、強く影響を受けているからです。

わからない単語があったら、講義2の「投資キーワード」に飛んでいただけたら、大体カバーできると思います。

日本人の8～9割は投資初心者

講義1を始めるにあたって、みなさんにひとつ、質問をしたいと思います。

「なぜいま、投資を始めるべき、とくに日本株を買うべき、といわれるのか？」

こう聞かれて、すらすらと答えられる人はあまり多くないでしょう。せっかく投資を始めてみようかなと思っても、「いまこそ日本株！」と急にいわれては、なんだか難しそうに感じるのも無理はありません。

日本は、これだけ教育水準が高いにもかかわらず、投資に対しての教育は一切行なわれていないといってもいいくらいで、事実、日本人の8～9割は株式投資において初心者なのです。これには、日本が長らく「デフレ」だったことも大きく影響しています。後に出てくる投資キーワード集のページでも解説しますが、デフレ下においては、モノの価値が上がらず、いわゆる大企業の株が底値圏を推移していたため、株式投資の必要性を感じない人が多かったからです。

しかし、これからは違います。私はこの2023年から、日本はようやく苦しかったデフレから脱却して、日本経済が復活すると読んでいます。これは根拠のない予想ではなく、相場の波動のサイクルに加え、それを後押しするいくつもの「材料」から、総合的に判断した予測です――これも後ほど丁寧に説明します。

だから、まだ株式投資の経験がない人にも、すでに株式投資をしている人にも、2023年からはチャンスの年になります。しかも、私がいつもおすすめしているグロース株（成長株）だけでなく、これまで大きな値動きを見せてこなかったバリュー株（割安株）を含めた日本の株式市場全体が上昇するかもしれないという千載一遇のチャンスです。

もちろん、ただ闇雲に投資するだけでは、世界中の投資家たちのカモにされてしまうだけで、かえって資産を減らしてしまうことになるので注意は必要です。

ざっくばらんに書いてしまえば、証券会社も銀行も大してあてになりません。私も証券会社出身で、複数の証券会社、銀行に口座をもっていますので、このようなことをお伝えするのは申し訳なくもあるのですが、投資においては、金融機関の情報を鵜《う》呑《の》みにするのは得策ではありません。

1990年代にバブルが崩壊したとき、日経平均株価は歴史的な下落を経験しました。それは証券会社や銀行の顧客の資産が大きく目減りしたことを意味しています。言葉を選ばずにいえば、当時の金融機関は顧客を「大損」させてしまったわけです。

それからというもの、日本の金融機関は、「資産形成は顧客に任せる」という方針に転換し、「投資は自己責任でお願いします」というスタンスにいっせいに鞍替《くらが》えしてしまいました。金融機関だけではありません。投資を扱うテレビ番組、雑誌、セミナーなどにおいても、ひと通り解説したあとに「投資は自己責任でお願いします」とひと言添えるようになっています。この書籍の目次の後にも、同様の文言が記載されています。これは出版社の方針であり、そういうルールだから入れるのですが、バブル崩壊、リーマン・ショック、コロナショックという複数の危機を生き残ってきた投資家の一人として、私は、発信する情報には責任をもちたいという矜持を胸に活動しています。

これまでも、その時代その時代に、きらぼしのごとく現れる「投資家」はたくさんいました。彼ら彼女らの多くは、マスコミと一緒になって「こうすれば儲かる！」「この株を買え！」「ＦＩＲＥすれば悠々自適の暮らしが待っている！」といってしばらくすると、姿を消していきました。

自分の信念に則って投資して、それで失敗するのなら、自己責任であり、「ナイスチャレンジ！」といってもよいのかもしれません。しかし、他の人に投資法を説いたり、今後の株価の予測を発信したりしているのなら話は変わってきます。

もちろん、予測に１００％はありません。どんなに優れた投資家であろうと、百発百中ということはないでしょう。だから、もし自分の読みが外れたら潔くそのことを認め、「なぜ今回は予測が外れたのか」について説明するのが、プロとしての責務ではないかと考えています。

私自身、これまで数々の失敗をしてきました。その度に「なぜ、間違ったのか」について説明をするように心がけてきました。だからこそ、大きな失敗をせずに、半世紀近くプロの投資家として生き残れているのかもしれません。そしてみなさんにも自信をもって、何をしたらいいのか、いけないのかをお話しすることができると思います。

100％当たる予測がないように、投資に「絶対」はありません。本書で紹介する「注目すべき業界」「好業績・高配当銘柄」なども、1年後、2年後には違ったものになっている可能性は十分にあります。では、本書を読んでも意味がないのかといえば、まったくそうではありません。

投資で継続的に利益を得ていくうえで重要なのは、ひとつひとつの判断の成否ではなく、自分なりの考え方をもつことだからです。自分独自のシナリオをもつことができれば、たとえ一時的に負け越してしまったとしても、軌道修正を重ねることで勝ちにもっていくことができます。プロは、それを徹底している人です。

多くの投資家が投資で負けてしまうのは、独自のシナリオをもっていないからです。新聞に出た情報や掲示板のコメント、あるいは証券会社のアドバイスに従って売り買いしてしまうからです。たとえ、それで一時的に成功したとしても、その成功は決して長続きしないでしょう。

独自のシナリオを構築するために必要なのは、投資の「知識」と「実践」です。

本書では、その両方が身につくよう、講義形式で、まずは投資を始める前に知っておきたいキーワードを、【知識編】で10個、【実践編】で11個紹介しています。

その後で、実際に注目銘柄とそのチャートを見ながら、具体的にどんな株を買えばいいのかをレベル別に解説します。

講義4と5の間には、補足講義として、私の投資実体験を書きました。はらはらドキドキしながら読んでもらえたら嬉しいです。

本書を読むことで、読者のみなさん自身の「視点」を養うきっかけとしていただければ幸いです。

なるべく自然に、「自分の得意な投資ジャンルはどこだろう？」「興味をもって取り組めそうなジャンルは？」「手っ取り早く始めるならどの株を買えばいい？」といったことが理解できるように進めようと思いますので、楽しみに読み進めてください。学んで、実践して、「面白い！」と思えたら、もっと勉強したくなるでしょう。私は、投資より面白いものはないと思って、長い投資家生活を歩んできました。

本書に書いたような簡単な講義を受けて、自分の守備範囲さえ決められれば、日本株の黄金時代に、資産ゼロからでも「お金に困らない人生を手に入れる」のは決して夢物語ではありません。

前置きが長くなりましたが、いよいよ講義1のスタートです。

コロナバブル後の世界
——日本だけ「いい湯加減」の理由

世界経済のひとつの転換点となったのは、なんといっても「コロナバブル」です。2020年に端を発したコロナ禍による景気後退局面において、世界中の中央銀行は未曽有の金融緩和を開始。その結果、世界的なインフレを招くことになりました。

なかでも、大規模な金融緩和を実施したのがアメリカです。

コロナ前に比べて、ドルの流通量は何倍にも膨れ上がっています。金額でいえば、日本円に換算すると600兆円くらいだったドルの流通額は、3000兆円近くにまで増加したといわれています。

世界中にドルがあふれてしまって「さあ、大変だ！」ということで、いま、FRB（連邦準備制度理事会）が必死になって金融引き締めを実施していますが、一度インフレになったものはそう簡単には収まりません。おそらく、今後しばらくの間、アメリカのインフレと金利は高止まりするのではないかと思います。

では、一方の日本はどうでしょうか。

「アメリカが大規模な金融緩和をするなか、日本の金融緩和は手ぬるかったがために経済の回復が遅れた」と批判を浴びていましたが、その是非はともかく、結果として日本はデフレ脱却の機会を得ることになりました。

そもそも日本は、欧米諸国と違って、長らくデフレ状態にありました。デフレ状態というのは、湯加減にたとえるなら「水風呂」状態です。バブル崩壊以後、日本人は30年も水風呂に浸かっていました。その水風呂に、金融緩和という「熱湯」を注いだのが「コロナバブル」だったのですが、日本はもともとの温度が低いため、期せずにして「いい湯加減」になったというわけです。

その間、世界経済はインフレ傾向にあったわけですが、コロナ禍の金融緩和によって、たとえるなら、もともと熱かったお湯に、さらに「熱湯」があふれんばかりに注ぎ込まれることになったため、湯船の中のお湯の温度は急上昇。これではゆっくり浸かっていられないとなって、各国がインフレ退治に躍起になっている——というのが、本書執筆時点の2023年夏の世界の現状です。

「いい湯加減の風呂」と「熱すぎる風呂」とのどちらを人が好むかは火を見るより明らかです。2023年に入って、急速に世界のマネーが日本に流入しているのは、このためなのです。今回の株高について「世界的投資家のウォーレン・バフェットが日本の商社株を買ったからだ」という解説も散見されますが、それは結果としてそうなっただけであって、今回の株高の「要因」ではありません。

日本の「ウリ」は量から質へ

日本の経済が「いい湯加減経済」に移行しつつあること以外にも、「バイジャパン（日本買い）」の流れを加速させているものが、いくつもあります。

そのひとつが、ロシアのウクライナ侵攻です。両国の犠牲者はもちろん、EUやNATOがその対応に追われるなか、気安く語れるものでは決してありませんが、あくまでも株式市場に限ってファクトを見てみれば、第一次世界大戦のときと同じような特需が起こりつつあります。

第一次世界大戦のとき、日本の海運株、鉄鋼株、商社株は恐ろしいほど値上がりしました。そしていまも、まったく同じ業界の株が値上がりしています。

また、2023年のWBC（ワールド・ベースボール・クラシック）で来日した外国人選手が口々にいったように、日本は非常に安全で、インフラが整っており、自然豊かで料理もおいしい国です。日本の文化、習慣、インフラの「質（クオリティ）」は世界のトップクラスであることに、コロナが明けて日本を訪れた世界の人々が再び気づき始めています。

戦後の高度成長期、日本は圧倒的な「物量」で「ジャパン・アズ・ナンバーワン」の称号を手にしました。今度は、「質」の領域において「ジャパン・アズ・ナンバーワン」となろうとしているのです。

さきほど、WBCの例を挙げましたが、コロナによる移動制限が緩和されるのを待っていたかのように、訪日外国人の数は再び上昇し始めています。今後は、旅行客だけでなく、知的労働者も含めて、これまで以上に「安心安全な日本を目指す」動きが加速すると私は考えています。

図1　在留資格別外国人労働者数の推移

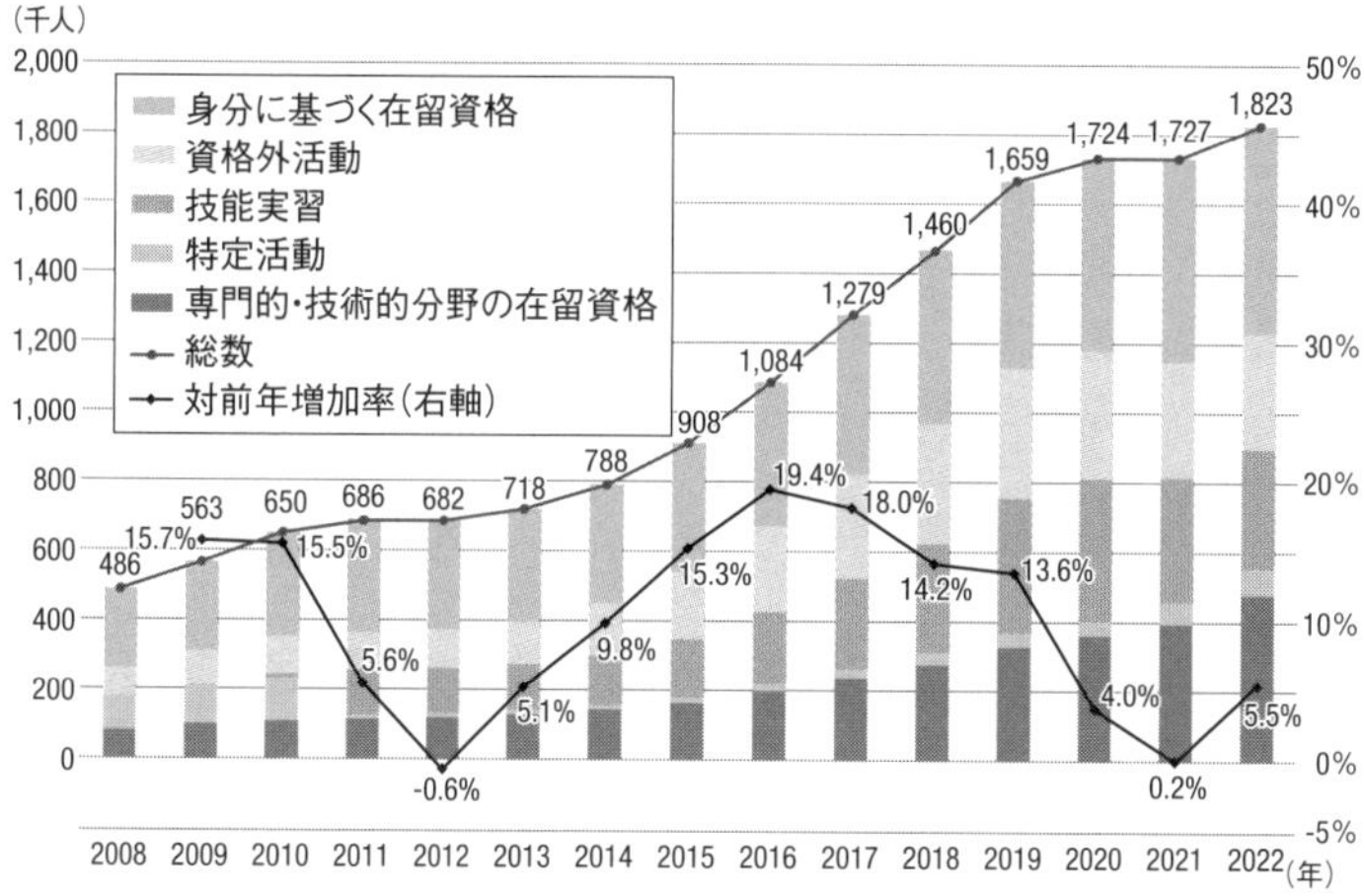

出典：厚生労働省「外国人雇用状況」の届出状況まとめ（令和４年10月末現在）をもとに作成

「いや、ジャパン・アズ・ナンバーワンなんて難しい。日本の人口は減る一方ではないか」という反論もあるでしょう。

私は、人口減少についてはまったく心配していません。はっきりいって全然問題ないと思っています。たとえ日本の人口が8000万人になっても、日本列島が消滅するわけではありません。マスコミを中心に悲観論は旺盛ですが、日本で働きたい外国人もまだまだたくさんいます。

実際、厚労省のサイトによると、2022年10月末時点のデータで、「外国人労働者数は約182万人。過去最高を更新」しています。図1にあるように、感染症が猛威を振るった20

2020年、2021年、2022年においても、総数は減ることなく、増えています。また、対前年増加率においても、コロナ期間中は減少傾向にありましたが、復調しつつある様子がうかがえます。

これはひとつの例にすぎませんが、マスコミが書き立てることや世間の見方について、鵜呑みにするのではなく、自分で調べてみるのは面白く、ためになります。

もちろん、「円安」下においては、日本で働き、円で報酬を得ることのメリットは相対的に下落しますが、いつまでも円安が続くわけではありません。適切な政策をとっていけば、まだまだ日本で働きたい人の数を増やすことは十分可能だと私は考えています。

3分でわかるデフレ
――バブル崩壊、紙きれになったゴルフ場の会員権

ここからは、バブル崩壊から今日までの日本経済をざっとおさらいすることで、なぜ「いま」株式投資を始めるべきかを解説します。日本経済の「この部分」を知っておくと、株式投資をする際に大変参考になります。

日本のバブルのピークは1990年。その後、膨れ上がったバブルが弾けて約30年間、日本はデフレの時代が続きました。そのデフレの時代が終わるきっかけとなったのが、先述した「コロナバブル」であり、2020年に「底」を迎えた日本経済は、2023年からいよいよインフレに向けて動き出す――。これが、私がいま描いている日本のこれからになります。

さきほど、これまでの日本経済を「水風呂」と表現しましたが、そもそも、なぜ日

図２　日経平均30年チャート

本はデフレになってしまったのでしょうか。

その原因は、１９９０年のバブルピーク時に、日本銀行が急速な金融引き締めを行なったことにあります。資産価値の上下を表す言葉に「資産効果」というものがありますが、この日銀の金融引き締めは「逆資産効果」、すなわち、資産がどんどん減っていくきっかけとなってしまいました。

急速な金融引き締めによって、資産価値が下がる理由は簡単です。金融引き締めを行なうと、それまでお金を貸し出していたり、投資をしたりしていた法人、個人がお金を引き揚げ始めます。たとえば、ある法人に１０００万円貸

していた銀行がある日突然「1000万円返してください」といい始めるようになります。

そうすると、銀行からお金を借りて不動産を購入していた法人は、せっかく購入した不動産を売却しなければ返済できません。また、新しい投資を計画していたとしても、借入が難しくなれば頓挫してしまうでしょう。銀行からお金を借りて車を購入していた個人であれば、車を売却しないと借金を返せなくなってしまいます。

その結果、何が起きるかといえば、モノの価値がどんどん下がることになります。モノの価値が下がって上がらない状態を「デフレ」と呼びます。

バブル崩壊前夜がそうであったように、デフレは、だんだんと進行していきます。敏感な人から売り始めます。全員が「デフレだ！」と気づいたときには時すでに遅しで、慌てて売り始めても、すでにモノの価値はずいぶんと下落していますから、売りたい値段では売れない……ということになります。

私はバブルのピーク時に、ゴルフの会員権を投資用に12個ほど所有していました。投資用とはいえ、接待などにも使えましたから一石二鳥。当時の日経平均株価は4万円に迫る勢いで、会員権もポンポンと値上がりしていきました。

たとえば、私の所有していた成田ゴルフ倶楽部の会員権の購入額は8000万円程度。もちろん、銀行の融資がなければ、とうてい買うことはできない額です。ただ、当時の銀行は、ゴルフ場の会員権を担保にしさえすれば、ほぼ100％お金を貸してくれました。これがバブルというものです。

構造としては、2008年に起こったリーマン・ショックの引き金である「サブプライムローン」と同じです。アメリカの金融機関は、顧客が1億円で購入した住宅が、やがては1億2000万円になることを見越して貸していました。

もし、金融機関の「不動産価格は上がる」という読みが外れたら……、そう考えるとぞっとしますが、実際、アメリカの不動産価格はがくっと下落して、お金を借りた人たちも、金融機関も、アメリカ経済もダメになってしまったのです。

これと同じことがバブルでも起こったのです。

そんなバブル崩壊の足音がひたひたと迫るなか、私は「天井近し」と察知しました。そこからは迷うことなく、ほぼすべてのゴルフ場の会員権を、専門の取引業者を通して、株でいうところの「成り行き」で売却しました。悠長に値段交渉している時間はないと考えたのです。幸い、世の中全体はまだバブル真っ只中でしたから、売れたものはすべて買値よりも高く売れました。

しかし、ひとつだけ売れなかった会員権が手元に残りました。横浜のゴルフ場の会員権で、売れなかった理由は、そのゴルフ場がまだオープンしていなかったからです。

その後、その会員権の価格はどうなったかといえば、お察しの通り、大暴落。それもそのはず、1990年4月以降、株価はどっと下がり始めていましたから、会員権も例外ではありません。

そのころ、件《くだん》のゴルフ場がようやくオープンしたのですぐに売却したところ、買値4000万円に対して、売値は1000万円。

差し引き3000万円のマイナスですが、即刻売りました。さらに後、そのゴルフ場は倒産し、会員権は紙きれになりました。

私がこの経験を通して学んだ教訓は、投資では買いは慎重に少しずつ、売りは瞬時に判断しなければならないということでした。

しかし、これは言うは易しで、簡単ではありません。当時の私も、買値の4分の1で売却するのは正直、嫌でした。先に売った11個の会員権の含み益があったからこそ、瞬時に決断ができたのです。投資先を分散させることも大切です。

バブル崩壊から30年、ついに日本株復活の時代へ

私が「天井近し」と察知してから30年、日本はつい最近までデフレでした。いまもデフレから完全に脱却したわけではありませんが、コロナバブルを経たいま、ついにインフレの時代へ入ろうとしています。インフレの時代は、預金の価値が目減りします。モノの価値が上がるからです。講義2の「投資キーワード」でも説明しますが、

極端なことをいえば、昨日1000円だったラーメンが、今日は1500円になり、明日には2000円になるのが、インフレです。

つまり、同じモノ・サービスを購入するにもかかわらず、以前よりも多くのお金を用意する必要が出てくるわけです。

一方、インフレになって、モノ・サービスの値段が上昇することで、企業の利幅が大きくなると、企業業績がアップして株価が上がり、景気が上向く可能性が出てきますから、株式投資を始めるまたとないチャンスです。株式投資をやっている人と、やっていない人とでは大きな差が生まれてしまう時代ともいえるでしょう。

コロナ禍前までのアメリカがその典型です。アメリカの富裕層の多くは、インフレという追い風を受けて、株や不動産でお金持ちになっていきました。

一方の日本は、これからです。長期的なデフレ時代が終わりを告げようとしているいま、アメリカの富裕層がそうであったように、私たち日本人も資産を増やす大チャンスを迎えているのです。

おそらく、日経平均株価は近い将来（私の読みでは2、3年以内に）「4万円」を突破するでしょう。いま3万円の日経平均が4万円になる読みならば、株式さえ買っておけば、半ば自動的に資産が増えていくことを意味しています。

図3　為替の波動

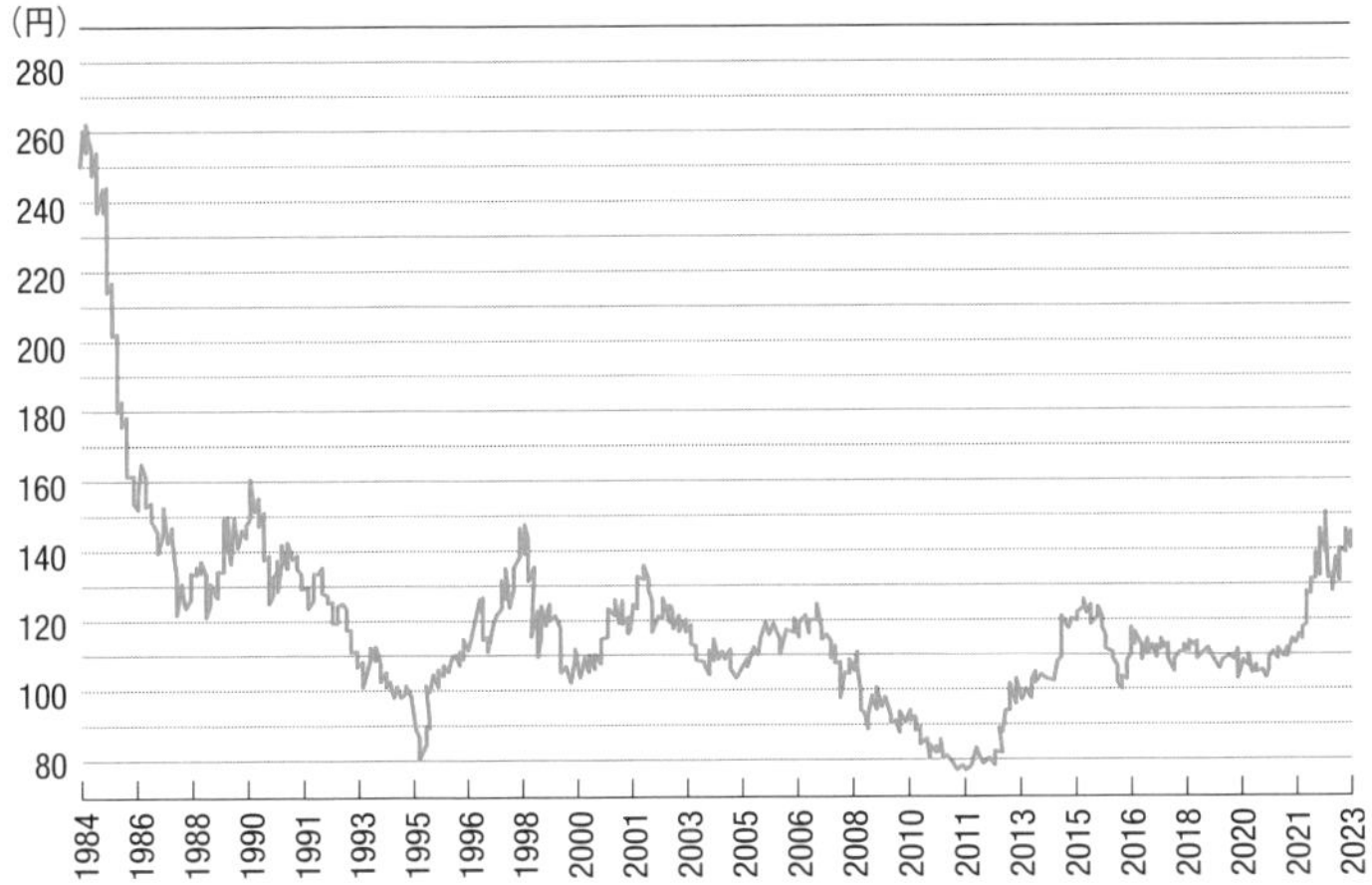

銘柄選びさえ失敗しなければ、30万円が40万円に、300万円が400万円に、3000万円が4000万円になるということです。ちなみに、その間、銀行預金はほとんど増えることはありません。だからこそ、資産を増やしたいなら、株式投資を始めるべきなのです。

実際、「相場の波動」から見ても、新高値をつける方向に動いています。

それは為替も同じです。波動の法則から見ると、1ドル150円を再び突破する可能性は十分にあります。もし、150円を再び突破するようなことがあれば、次は1990年の160円台を目指すことになるでしょう。

もちろん、150円を突破しない可能性も十分あります。その場合は、150円近辺で2つの天井、すなわち「ダブルトップ」を形成する可能性を考えておくとよいでしょう。

「ダブルトップ」をはじめとする「波動の法則」については、講義3以降の個別銘柄の説明をする際にも適時解説していますが、ダブルトップを形成したあとは、大きく下落する可能性が高いため、株式投資の世界では「売りのサイン」と考えられています。

話を元に戻すと、「円安は日本経済にとってマイナス」と考える識者も多いのは事実ですが、私はケースバイケースだと考えています。

講義2の「投資キーワード」で詳細はお伝えしますが、「円安」も株価上昇の要件のひとつです。逆に「円高」というのは株価上昇を妨げる要素でもあるため、単純に「円高はよいもので、円安は悪いもの」と考えることに、私は反対です。

繰り返しになりますが、2、3年以内に、日経平均4万円、1ドル160円台の時代がやってくる可能性は十分にあります。私はこれまで、短期的に資産を増やすには「グロース株（成長株）」一択というスタンスで、株式市場と向き合ってきましたし、私が会員向けに行なっている情報発信「スガシタボイス」の会員の方や、書籍の読者の方にそのようにお伝えしてきました。

しかし、ひとたび株高時代が到来したなら、グロース株（成長株）だけでなく、バリュー株（割安株）も上がることになります。

すでに、銀行株、商社株は上昇しつつありますが、これからは長らく株価が低空飛行を続けていた「大企業」の株も上昇していくことになるでしょう。初心者の人が始めるのに、またとないチャンスです。

60年周期で循環する「コンドラチェフの波」

本書では「相場の波動」「波動の法則」といった言葉を使うことがありますが、そもそも「波動」とは何でしょうか。

簡単にいえば、景気や株価は、一直線に上がったり、下がったりするのではなく、寄せては返す「波」のように、細かく上がったり、下がったりしながら全体として上がっていき、天井をつけると、次も細かく上がったり、下がったりしながら全体として下がっていき、底まで下落したあとは再び上がっていく……こうした動きを繰り返しているという考え方が「波動」です。

はじめて聞く方は驚くでしょうが、政治・経済をはじめとする世の中の事象のほとんどは、「波動」で説明できます。

「波動」には大きさも含めさまざまな仮説がありますが、一番有名なのが「コンドラチェフの波」です。これは日本が生んだ天才・糸川英夫氏が我が国に広めたもので、「経済・市場は60年周期で循環している」とする考え方です。糸川氏によると、60年のうち30年は下降期、30年は上昇期となります。

日本の歴史をあてはめると、

①1960年：日米安保
②1990年：バブル崩壊
③2020年：コロナショック

といったエポックメイキングな出来事が発生していることがわかります。さらにいえば、2022年にはロシアのウクライナ侵攻がスタートし、世界は混迷を極めています。混迷期には、新しい技術が生まれる可能性が高まります。有事を解決するためには技術革新が不可欠だからです。冷戦時代には、宇宙技術、インターネット技術など、軍事領域を含むさまざまな分野で技術革新が起こりました。直近では、未曽有の新型コロナウイルス感染症による被害を食い止めるため、ワクチンの開発をはじめとする技術革新が起こったのは、ご存じの通りです。

1960年を起点としてスタートした後退期にさまざまな技術が開発されたことを考えると、2020年を起点としてスタートした新たな後退期には、私たちが想像もできないような技術革新が起こり、未知の企業が勃興し、世界経済を牽引していく可能性は高いといえそうです。

「景気循環の波動」と「相場の波動」

コンドラチェフの波は、景気循環という観点で考えると、「インフラ投資の波」（インフラが老朽化するサイクル）とも近い周期となっています。

それより周期の短いものには、「建設投資の波」（建物を建て替えるサイクル＝クズネッツの波）、「設備投資の波」（企業が設備を刷新するサイクル＝ジュグラーの波）、「在庫投資の波」（在庫の増加・減少サイクル＝キチンの波）があります。

こうしたサイクルを頭に入れたうえで、私は景気循環の波を4つに分類しています。この4つの波は、株価の大きな流れを読む際に参考になります。

①超長期＝約60年（インフラ投資の波、コンドラチェフの波）
②長期＝20～25年（建設投資の波、クズネッツの波）
③中期＝7～10年（設備投資の波、ジュグラーの波）
④短期＝約3年（在庫投資の波、キチンの波）

そのうえで、少しややこしいかもしれませんが、「景気循環の波動」と「相場の波動」は時間軸で考えると、ズレています。具体的には、「景気循環の波動」に比べ、「相場の波動」は半年から1年程度先行します。そのため、まだ景気はよくなっていないのに、株価が上がったり、景気はいいのに株価が下がったりするのです。

そして、実は「相場の波動」のなかにも、「価格の波動」と「時間の波動」が存在します。

「価格の波動」については、過去の高値・安値などを意識しながら「値ごろ感」を考える際に参考にします。個別銘柄の解説をする際に、過去の高値・安値について言及しているのはそのためです。

「時間の波動」は、「景気循環の波動」と連動しますが、本書ではざっくりと次のように捉えていただければと思います。

時間の波動の「超長期サイクル」＝20年（≒建設投資の波）
時間の波動の「長期サイクル」＝7〜10年（≒設備投資の波）
時間の波動の「中期サイクル」＝2年半〜3年（≒在庫投資の波、大回り3年）
時間の波動の「短期サイクル」＝6〜12カ月
時間の波動の「超短期サイクル」＝2、3カ月（≒小回り3カ月）

最初からすべて覚えなくても大丈夫です。時間の波動というものがあるということを、いまの段階では知っておいていただければ十分です。

日経平均「8万円」シナリオを考える

さきほど、2、3年以内に、日経平均株価は4万円になる可能性があるとお伝えしましたが、それとは別にもうひとつシナリオがあります。それは、その倍の8万円になるシナリオです。「さすがにそれはないでしょう……」と感じている方も多いでしょう。しかし、相場の波動から考えると、「あり得る」のです。

再び、ここ30年の波動のサイクルを振り返ってみましょう。

バブル崩壊前夜の1989年12月29日の日経平均株価は3万8915円。そのバブルも1990年代初頭には崩壊。その際の惨状は、ゴルフの会員権大暴落の顛末《てんまつ》でお伝えした通りです。そして、そのまま日経平均株価は下落を続け、リーマン・ショッ

図4　戦後の日経平均チャート

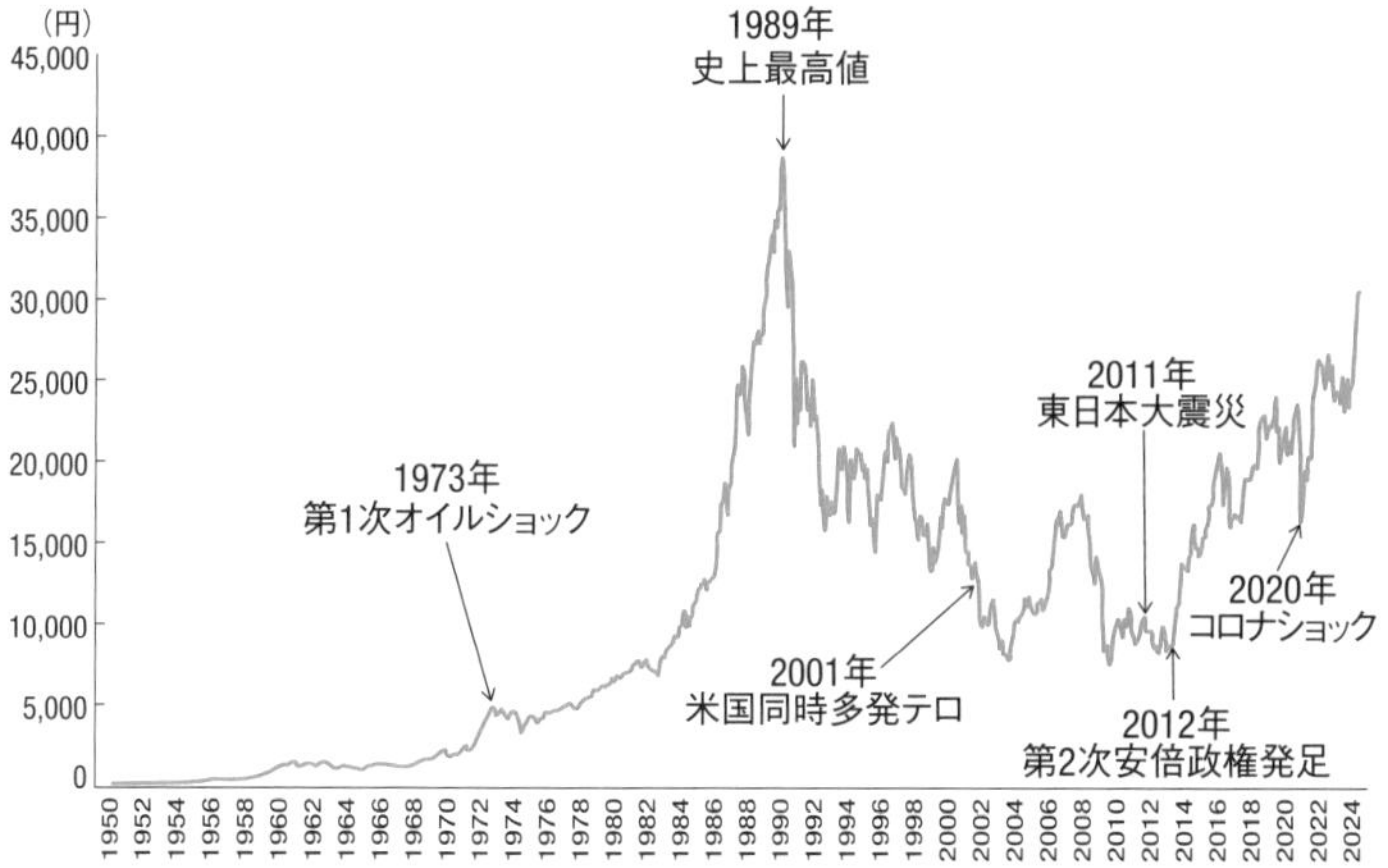

ク後の２００９年３月10日に７０５４円（バブル崩壊後の最安値）をつけています。株価が底入れするまでにかかった期間は約20年。

その後、一時アベノミクス相場で２万円台をつけましたが、２０２０年３月19日にはコロナショックによる安値である１万６５５２円を記録。ここを底と考えると、相場のサイクルでは日経平均は８万円を目指すことになるのです。

その根拠は、過去の大相場です。戦後、５回ほど大相場があったとされていますが、ほぼすべて出発点から５倍以上になっているのです。

ただし、例外が1回だけありました。途中でオイルショックがあった影響で、そのときだけは2・39倍。それ以外は5倍以上です。

では、今回の大相場はどこから始まっていると考えるとよいでしょうか。

ひとつは、リーマン・ショックによる安値である7054円をつけた2009年3月。もし、ここが起点になるなら、7054円の5倍＝約3万5000円。これが、私が3万5000〜4万円近辺まで上昇する可能性があると考える根拠のひとつです。

ちなみに、リーマン・ショックによる安値は、長期で見てみると、1980年の底である6475円と、ダブルボトム（二重底）を形成していることがわかります。

もうひとつは、戦後6回目の大相場がアベノミクス相場だと考えるシナリオです。アベノミクス相場の起点となるのは、2011〜2012年の8000円台。ここから約3倍の2万4000円台まで上昇しました。これは、オイルショックによる影響で2・39倍にとどまった1981年の大相場と同じくらいの数字になります。

もしそう考えるなら、戦後7回目となる今回の大相場の起点は、コロナショック後の安値である1万6552円になります。

これを5倍すると、約8万円。つまり、今回の大相場は3万5000円、あるいは8万円を目指すという2つのシナリオのいずれかをたどる可能性が高いと考えることができるのです。

大切なのは、「シナリオを考えられること」です。実際にどちらのシナリオになるかということはいずれ判明しますが、先を見通すことが株式投資に勝てる人の絶対条件である以上、シナリオを描く力は必須――いまは「本当かなあ？」と思っている方も、いずれは自分で先を読み、複数のシナリオを描けるようになることを目指しましょう。実際に私は、こうした知識を使って何度もバブル予想を的中させてきました。

なぜ「不動産」よりも「株式投資」なのか

ここまで、「いま、投資を始めるべき理由」として、インフレの時代に入り、日本の景気がよくなること、インフレになるとモノの値段が上がり、現金の価値が下がること、さらに相場の波動から見てもチャンスが到来していることなどを挙げてきました。

この項では、数ある「投資」のなかで、なぜ、「株式投資」が初心者に最適なのかについて解説します。

インフレ・ヘッジという意味では、たとえば「不動産投資」も選択肢のひとつです。しかし、不動産というのは、「いつでも換金できる株式」に比べて「流動性」が低く、売りたいときに売って、買いたいときに買うことができません。

一方の株式投資は口座さえ開けば、誰でも市場に参加することができ、ある意味で「平等」に売ったり、買ったりできます。

不動産は「相対取引」ですから、どうしても高く買わされたり、安く売らされたりすることがあります。百戦錬磨の不動産会社や、何十年も不動産取引に携わってきた人に比べ、初心者は圧倒的に知識が足りないため、契約したあとに「こんなはずではなかった」ということが発生しかねません。

もうひとつ、株式投資の利点を挙げると、失われた30年とはいえ、アベノミクスがスタートした2012年から2023年まで、約10年の日経平均株価を見ると、右肩上がりに推移していることがわかります。

具体的には、8000円台から3万円台まで上昇しています。デフレ下にもかかわらず、この10年で4倍近く上昇しているわけです。

では、これからインフレになったらどうなるでしょうか。上昇傾向はますます顕著になるというのが、私の読みです。

まずは100株から、広く浅くスタートする

株式とひと口にいっても、さまざまな手法が存在します。短期間でお金持ちになれる可能性が高いという理由から、私は個別株を中心に売買していますが、まずは「投資信託」からスタートすることをおすすめします。

その場合、本書刊行時の2023年秋であれば、**NYダウやナスダックに連動するものよりも、日経平均株価に連動するもの**がよいでしょう。なぜなら、これから日経平均株価は上昇していく可能性が高いからです。

また、それと並行して、**個別銘柄**も買い始めることをおすすめします。証券会社に口座を開設しさえすれば、必要な情報は「無料」でいくらでも提供してもらえます。

たとえば、日経平均株価のチャートだけでなく、さまざまな指標の推移を閲覧するこ

とができます。また、個別銘柄についても、ここ数年の売上高、利益率のチャート、会社概要、株主優待なども簡単に確認できます。

ちなみに、口座はどの証券会社でも構いませんが、初心者の方であれば、手数料が安い楽天証券やSBI証券といったネット証券が第一候補になるでしょう（この2社は2023年9月、10月以降、日本株の売買手数料を無料にすると発表しています）。

そして、まずは、ご自身の仕事に近い業界の銘柄や、日常的に使用しているモノ・サービスを手がけている会社の株からスタートするとよいでしょう。

世界一の個人投資家であるウォーレン・バフェットが「よく知っている会社、身近な企業に投資する」というスタンスであることは有名ですが、とくに初心者であれば、難解な技術を駆使したサービスを展開するハイテク企業や、最先端の医療技術を活用しているバイオベンチャーなどは、株価の上下も激しいため、中・上級者になってから手を出しても遅くはありません。

また、個人投資家の資産形成を支援する目的で創設された「NISA」（少額投資非課税制度）の枠が2024年から拡大すると発表されて話題になっています。ポイントは3つです。

①非課税枠が「360万円／年」に拡大
②非課税保有期間の「無期限化」
③投資枠の再利用が可能

簡単に説明すると、株を売却することで得た利益に対して、通常20％程度の税金がかかりますが、非課税枠内であれば税金はかかりません。さらに、現行制度では「つみたてNISA」（40万円／年）と「一般NISA」（120万円／年）のどちらかを選択する必要がありましたが、新制度では、「つみたて投資枠」（120万円／年）と「成長投資枠」（240万円／年）を併用できます。さらに、これまでは一度売却してしまうと「投資枠」は復活しませんでしたが、新制度では再利用が可能です。

こうした知識はあるのとないのとでは、手元に残る金額が変わってくるため、NISAに限らず、新しい政策が発表された際は、しっかりと確認することをおすすめします。そのうえで、大事なのは「中身」です。

つまり、最終的に「お金に困らない人生」を手に入れられるか否かは、どんな銘柄に投資するか、いつ買って、いつ売るかにかかっています。そのためには、世の中のトレンド、大きな流れを摑みながら、実践していくしかないのです。

どんな個別銘柄を選ぶかについては後述するとして、購入する銘柄が決まったら、まずは「100株だけ」買いましょう。これは株式の最小単位です。プロの投資家はもっと大きな単位で購入しますが、初心者は「広く浅く」買うのが鉄則です。

理由は単純で、本当にその銘柄がよい株なのかどうかわからないからです。100株ずつ、いくつかの銘柄を購入したうえで、「ああ、この株は上がるどころか下がってしまった」「この株は下がることなく、上がり続けている」「一度下落したけれど、また上がり始めた」というのがわかってきたら、「これだ！」と思う銘柄に資金を集めていくのがよいでしょう。野球でいえば、ストライクゾーン、あるいは自分の得意なゾーン、ヒットの打てる球筋を見極めていくようなイメージです。

そうして慎重に見極めたうえで、少しずつ投資額を増やして、少しずつ利益が出ていけば、心に余裕が生まれます。心に余裕が生まれれば、損切りの判断も冷静に行なえるようになります。

下落局面で絶対に避けるべきなのは、ナンピン買い（平均単価を下げる買い方）です。自分が投資した株が下がってきたら、ついつい買い増ししてしまうのが人の性《さが》ですが、私は絶対におすすめしません。相場の世界では、下がる株はもっと下がる可能性が高いと考えられているからです。私は、朝買った株が午後に下がり始めたら、その時点で売却を考えるほどです。

投資で勝つのに経済学の知識はいらない

株式投資で勝つために必要なのは、難しい経済学の勉強や財務の知識ではありません。もしそれらの知識が投資に有利なら、大学の経済学部の教授や会社の経理部の人が、投資で大儲けしているはずです。

株式投資のヒントは、みなさんの日常生活の中にたくさん潜んでいます。そして、株式投資をすることのメリットは、資産が増えることだけでなく、世の中の仕組み、ビジネスの本質を学ぶことができる点にあります。

株式投資を始めると、すべての経済ニュースが自分に関係のあるものになってくるため、自然と視野が広がっていきます。

卑近な例でいうと、以前、私はアシスタントの女性から「TORY BURCHの靴が流行っている」と教えてもらったことがあります。それを聞いたとき、私の頭をよぎったのは「どんな会社がつくっているのだろうか？」という疑問でした。

そこで早速、ハイブランドが軒を連ねるデパートに行って、「どこから仕入れているのか」と質問してみました。そこでわかったことは、海外の品物ではあるけれど、それを輸入している日本の会社があるということ。調べたところ、上場していました。

しかも、当時は百数十円という安値で、5年くらい低位で推移していました。これは絶対上がると思って購入したら、案の定、そこから3～4倍に跳ね上がりました。

デパートに並んでいるようなものでなくても構いません。たとえば、以前、スーパーのバターの在庫が底をついた時期に、どんな企業の株が上がったかといえば、六甲バターでした。近年でいえば、卵の価格が急上昇したりもしていますね。

あるいは、ロシアがウクライナに侵攻したことで、株価が上がった銘柄もあれば、下がった銘柄もあるでしょう。海運や鉄鋼の特需についてはすでに述べた通りです。

また、政治と経済は密接につながっているため、政局についてもウォッチしておくと、株価の動きを予測するのに役立ちます。

たとえば、民主党政権時代の末期、アベノミクスが始まる直前の選挙で、私はある政治家の方が「選挙が近い」と発言しているのを耳にしました。**アメリカの大統領選を含め、基本的に選挙は「買いのサイン」です。**さらに、私が入手したのは、石破茂氏ではなく、安倍晋三氏が勝つ可能性が高いのではないかという情報です。安倍氏といえば、当時から脱デフレについての勉強会を開催していることで有名でした。

そこで私は、アメリカやヨーロッパに倣って、日本も大規模な金融緩和をするのではないかと考えました。結果、アベノミクスによって株価は8000円台から3万円台に上昇。これは出来すぎた話ではありますが、政治分野にアンテナを張っているだけで、資産を4倍近くまで増やすきっかけを摑むことは可能なのです。

日々の出来事に興味をもって、自分なりの仮説を立てる――。この視点は、プロ、初心者のどちらにも必要なものになります。日常生活には投資に活かせる情報がたくさんころがっています。毎日がチャンスの連続といってもよいでしょう。難しく考える必要はありません。

みなさんが日ごろ使っているものの中で、「こんなすばらしい商品やサービスを提供している会社はどこだろう？」と調べてみて、そういう会社にまずは投資したらいいのです。実際にあのバフェットも、多くの人にとって身近な飲み物であり、自身もこよなく愛しているコカ・コーラに投資をして、大金持ちになっています。

投資についてはたくさんの専門家や実践者が色々な解説をするので、とにかく難しそうな、専門的な知識が必要であるような印象を受けますが、本来は「自分が知っている会社、好きな会社の株を買って応援する」仕組みですし、初心者であればそれこそが成功のヒントにもなるものです。

本書の構成

講義1の最後に、講義2以降の構成をお伝えします。

ここまで、なぜ「いま」株式投資を始めるべきかについてお話ししてきました。読者のみなさんも善は急げと早速、株式投資をしたくなってきたのではないでしょうか？　とはいえ、まだまだ知らない単語もたくさん……という方も多いと思います。

投資する際に参考になるキーワードを知ってから始めるのと、知らないで始めるのとでは、全然違います。言葉も知らない外国にいきなり住むより、言葉を覚えてから住むほうが安心・安全なのと同じです。そうはいっても、外国語を丸ごとマスターしてから移り住もうと思ったら何十年後になるかわかりませんね。

ということで、講義2では、投資にまつわる必須キーワードを21個解説します。「これだけ知っていれば迷子にならない」キーワード集です。

キーワードを学んだら、その次はいよいよ実践について学びます。

講義3では、手始めに検討するのによい「持っているだけ」でいいブランド銘柄を紹介します。頻繁に売り買いするのではなく、長期保有を目指す銘柄です。こまめな売り買いに自信のない方や、資産を全部現金でもつ状態から一歩踏み出したいという方におすすめです。

講義4では、「好業績・高配当銘柄」を紹介しています。テーマは「好業績・高配当株でお金持ちになる」です。配当とは、株主からの利益分配です。持っている株数に応じて主に決算時に分配されますが、業績がすごく良かった時などは特別配当が出ることもあります。株式や債券を売って得る利益（キャピタルゲイン）だけでなく、株式の配当金など（インカムゲイン）も狙おうというわけです。本書では、執筆時点で業績が良く、できるだけ配当利回りの高い銘柄を取り揃えてご紹介していますが、ご自身で高配当銘柄を探される時の目安としては配当利回り3％前後、できれば4％以上を狙うといいでしょう。私としては、「毎月100万円もらう方法」をお伝えしたいところですが、それにはそれなりの元金が必要になりますので、まずは毎月10万円程度を目標とするとよいでしょう。

少し脱線しますが、私も2023年の年初から、本書で取り上げている高配当銘柄のうち、海運株を買い始めました。たとえば、私が買い始めたころの「川崎汽船」（証券コード：9107）の株価は1株3000円程度。1000株買っても300万円。3月決算の配当は1株あたり300円。1株あたり10円、20円の株が多いなか、桁違いの配当金を手にすることができます。300万円の投資で30万円の配当がもらえるわけですから、これを見逃す手はありません。

銀行に怒られてしまうかもしれませんが、銀行に300万円預金したときの利息はたったの30円程度でしょう。**その差は実に1万倍。この差を見るだけでも、株式投資をする人としない人で、将来的に大きな差が出ることをご理解いただけるはずです。**

講義5に入る前には補足講義として、私の実例、体験談を載せます。ひとつの銘柄を巡って投資家が何を考え、どう行動し、どんなところで欲が出たり冷や汗をかいたりするのか、どのようにリカバリーするのかをリアルに感じとってもらえるいい参考になると思います。投資の魅力も難しい点も、感じとっていただけたら幸いです。

最後の講義5では、「大穴狙いのハイリスク・ハイリターン銘柄」を紹介します。こちらは夢を買うハイリスク・ハイリターン株、冒険株ですので、資金に余裕のある方、自信をもっている方だけチャレンジしていただければと思います。しかし、冒険株には時代の最先端が詰まっているので、どんな業界、銘柄が10倍株として期待されているかを知るだけでも、勉強にはなるでしょう。

すでに述べたように、初心者の方にとっては、講義3と講義4の銘柄を知るだけでも十分役に立つ内容になっています。

これまでの私の著書では、基本的には、講義5の「大穴狙いのハイリスク・ハイリターン10倍株」を扱っていました。なぜなら、お金を寝かせておきたくなかったからです。お金がなかなか働かないバリュー株ではなく、お金がすぐに働くグロース株のほうが、手っ取り早く、短期間に資産を増やすことができるためです。

しかし、インフレになったなら、グロース株だけでなく、バリュー株も上がります。デフレになってから30年間下がり続けていたバリュー株が、ここにきて上昇する可能性が出てきたのです。

私自身も、2023年の年初から高配当の銘柄を買い始めたりと、グロース株一辺倒だったポートフォリオを大きく変えているところです。

まずは年収1年分の「種銭」を用意

講義1を読んでやはり投資をしてみたいなと思った方に、投資を始める前に知っておいていただきたいことを3つだけご紹介しておきます。

この3つ、どれも当たり前に大切なことでありながら、投資をすすめる組織や人があまり丁寧に語っていることはないように思います。

ひとつめは、種銭づくりです。投資を始めるには、先立つもの、いわゆる「種銭」が必要になります。投資をするにあたって、「生活費」に手を付けてしまうのは危険です。絶対におすすめしません。余裕資金としての「種銭」を貯めてください。

最初の目安としては、「年収1年分」くらいがよいでしょう。年収1年分あれば、投資を始める際の「種銭」になるだけでなく、万が一、諸般の事情から仕事を辞めなくてはならなくなったときなどにも活用できます。最低でも半年分。すでに1年分貯まっている人は、2年分、3年分を目指してみてください。

「種銭」が貯まるまでは、余計な出費は極力避けることをおすすめします。余計な飲み会、旅行、趣味などにお金を使いたくなっても、そこはぐっと我慢して、年収1年分貯めることに集中しましょう。

ただし、勉強のための出費は惜しんではいけません。ご自身の仕事に役立つ書籍、投資のスキルを磨くための勉強会、そして時にはご自身のモチベーションを上げるための外食や体験等には、可能な範囲でお金を使うべきです。

そして、種銭をつくること、勉強のためにお金を使うこと以上に優先すべきことが、実はあります。それは「心身の健康」です。「一刻も早くお金に困らない人生を手に入れたい！」と考えている方にとっては、余談に聞こえるかもしれませんが、健康を害してしまっては、「投資」どころではありません。そもそも健康を犠牲にして手に入れた「お金に困らない人生」は幸せとはいえないのではないでしょうか。あるいは、せっかくお金を稼いでも、そのお金が健康を害したための治療費になってしまうかもしれません。

私も若い頃、朝早くから出社して、ハードワークした後に同僚と一緒に夜中まで大阪の繁華街で騒いでいた時期もありました。しかし、28歳のときに外資系証券会社のメリルリンチ（当時）に移籍してからは生活習慣を一変させました。いい生活習慣を身につけなければ、仕事で成果をあげることはできないと考えたからです。

当時のメリルリンチ日本法人のアメリカ人のトップは、出社初日の私に対して次のようにいいました。「ミスタースガシタ、今日からこの個室が君のオフィスで、彼女が君の専属の秘書だ。オフィスの維持費はこれくらいで、秘書の人件費はこれくらいかかる。それに君の年俸。最低でもそれらのコストを上回る実績をあげてくれ」

私は「わかりました」と答えながら、拙《つたな》い英語で「もし、目標を達成できなかったらどうなりますか」と質問したところ、「おそらく君の机はなくなるだろう」という答えが返ってきました。

それからというもの、飲み会に参加したとしてもできるだけ早く帰って読書をする、朝は5時に起きる、時間があればジムでトレーニングをする、身体によいものを食べることなどを徹底して、1年を通じて体調を崩さないように心がけました。極端なことをいえば、風邪をひいている人がいたなら「逃げる」くらいの気持ちで、いま現在も健康維持に努めています。おかげでこの何十年、風邪はほとんどひきません。

ちなみに、私がメリルリンチで働いていた時代のニューヨークのウォール街の様子を知るのに打ってつけの映画があります。1987年公開の"Wall Street"（邦題：ウォール街）です。マイケル・ダグラスや、チャーリー・シーンが出演している名作ですので、興味のある方はぜひご覧ください。

すぐれた書籍や映画は、人間心理を学ぶこの上ない教材です。そして人間心理は、投資で勝つために必ず学んでおくべきものです。相場は国内外の情勢や企業の業績はもちろんのこと、人間心理にも大きく左右されるからです。

投資の前に 2

勉強する

「種銭づくり」と並行して、積み立て型の投資信託を始めるのも一案です。投資信託を始めたら、毎月決まった日に、決まった金額を投資することになります。価格が高いときには購入量が減り、価格が安いときには購入量が増えるため、結果的に購入単価を引き下げることにつながり、長年にわたって購入価格の平準化が期待できます。これを「ドルコスト平均法」といいます。

株式投資をするための「種銭」が貯まったあとは、そのお金をどうすれば増やすことができるかを考えていくことになります。

その際に役立つのが、「読書」です。投資で結果を出すには、「よい情報」を知らなければなりません。初心者の方におすすめの新聞、雑誌は以下の3つです。

・『日本経済新聞』（日本経済新聞社）
・『日経マネー』（日経BP）
・『ダイヤモンドZAi』（ダイヤモンド社）

最初はよくわからなくても構いませんので、できるだけ時間をかけて読んでみてください。私も若い頃、手あたり次第、新聞、雑誌に目を通すようにしていました。そうすることで、だんだんと読むべきポイントがわかってくるものです。

また、新聞や雑誌を読む習慣を続けると、「よい情報」だけでなく、「自分にとって必要な情報を発信している人」を見つけることができるようになります。参考になる情報を発信する人が見つかったら、その人の発言を定点観測するようにしてください。

私は若い頃、名著『知価革命』（PHP研究所）の著者・堺屋太一氏や、企業の将来性を見抜くことに長けた投資家のジム・ロジャーズ氏の発言はできるだけチェックするようにしていました。堺屋氏は残念ながら亡くなられてしまいましたが、ジム・ロジャーズ氏に関しては、いまでもウォッチしています。

中・上級者の方であれば、次の2媒体もおすすめです。

・『日本証券新聞』（日本証券新聞社）
・デジタル版『株式新聞』（ウエルスアドバイザー）

新聞や雑誌を読みながら、自分に適した「テーマ」を発見していきましょう。たとえば、私が近年注目しているテーマのひとつは、「DX（デジタルトランスフォーメーション）銘柄」です。また、ロシアのウクライナ侵攻以降は、「海運」「鉄鋼」「商社」についてもウォッチしています。もし、「食」に興味があるのであれば、「食品メーカー」や「外食産業」をテーマにしてもいいでしょうし、医療・創薬業界に詳しいのであれば、「再生医療・バイオ関連」銘柄を追いかけてもいいでしょう。

いずれにしても、とくに初心者のうちはなんでもかんでも投資するのは得策ではあ

りません。数多ある銘柄に対してまんべんなく興味をもつのではなく、だんだんと絞り込んでいって、ご自身にとっての「ストライクゾーン」を見つけるようにしてください。

投資の前に 3

価格の波動を読みながら「目標値」を決める

投資するテーマが決まったら、いよいよ実践です。
株式を購入するタイミングを読むのに役立つのが、「4本値」です。

・始値（寄り付き値）
・高値
・安値
・終値（大引け値）

気になる銘柄の4本値を毎日チェックする習慣をつけると、だんだんとその銘柄の

トレンドが掴めるようになります。

4本値をチェックすることは、価格の波動のレッスンにもなります。価格の波動は「値ごろ」ともいわれ、過去の高値で「天井」を打つ可能性が高く、過去の安値で「底」を打つ可能性が高いと考えられています。

そうした知識も頭に入れながら、ベストだと思うタイミングで購入してみましょう。

その際に考えておくべきは「目標金額」です。ただ闇雲に買うのではなく、「価格の波動ではこのくらいの金額まで上がる可能性が高いため、このタイミングで売ろう」と事前に考える習慣をつけることで、投資頭脳は磨かれていきます。

しかし、目標金額に向かうどころか、購入した途端、下落してしまうこともあります。そのときは、「この金額を超えて下がったら損切りしよう」と考えるようにしましょう。「金額が下がったから買い増そう」と考え、いわゆる「ナンピン買い」をする方もいますが、すでに述べた通り私はおすすめしません。

下落局面にある株はさらに下がる可能性が高いためです。ウォール街に「落ちてくるナイフは摑むな」という格言があるように、下落している株を摑むのは危険です。私は直近の安値を下回ったら、基本的に損切りします。

では、下がった株はいつ浮上するのでしょうか。

それを考えるのに役立つのが「時間の波動」（日柄）です。私は「値ごろ」と「日柄」とを組み合わせて株価を予測していますが、より重要視しているのは「日柄」です（詳しくは150ページ参照）。

基本となる日柄は、「2カ月ないし3カ月」です。「3月またがり60日」ともいわれ、下がり始めてから、おおよそ60日で「相場の転換点」を迎えるとされています。

これは上昇するときも同じです。上がり始めてから60日前後に一度天井をつける可能性があることを念頭に置いて、チャートを注視しておくとよいでしょう。

時には「休む」ことも大切

投資をしている人は、どんなテーマの株を買うか、いつ買うか、いつ売るかばかりに気を取られがちですが、「休むも相場」という格言があるように、「売り、買い、休む」の「休む」、そして「待つ」ことも忘れないようにしましょう。

たとえば、過熱気味になっているときには、あえて休むことも必要になってきます。上昇しているからといって、ずっと持ち続けていたり、買い増ししたりしてしまうと、やがて「天井」となって、一瞬にして、2分の1、3分の1になることだってあります。とくにボラティリティ（価格変動の度合い）の高い銘柄は注意が必要です。

もし、100万円投資して、200万円になったなら、たとえば、半分はキャッシ

ュアップ（現金化）するのもおすすめです。

売ったらすぐに買うのではなく、休んで待つことを心がけましょう。現金比率を高めて、しっかりと待つことができれば、割安の状態で購入したり、ここぞというタイミングで勝負をかけたりすることが可能になります。

株価は、見通しによって動きます。いま景気がいいから上がるのではなく、これからよくなるから上がるわけです。ですから、「過去最高益！」といった報道に踊らされないようにしましょう。報道を真に受けて購入したとたんに「天井」を迎えることは珍しくはありません。

逆に、世間が「不況だ！」といっているときに上がる株もありますから、好況、不況にかかわらず、世の中が気づくよりも早く「兆し」を見つけられるように、投資頭脳に磨きをかけていただければと思います。

2 講義

まずはこれだけ知っていればＯＫ！

投資キーワード【知識編】&【実践編】

以前、友人の大学教授に依頼されて、東京農業大学の栄養科学科で株式投資の講義をしたことがあります。栄養科学科の100人以上の参加者のほとんどは女子学生でしたが、講義後のアンケートで多かったのは、「株式投資をやりたいけれど、何をどうすればよいか知らなかった」という声でした。

投資のいろはは実践でしか身につきませんが、その前段階で躊躇《ちゅうちょ》してしまっている人が多いのもまた事実です。ですからこの講義2では、投資を始めるにあたって知っておくべきことを、できるだけ紙面を割いてご説明したいと思います。

講義2でご紹介する「投資キーワード」は常識編といえるもので、どなたでも一度は耳にしたことがある言葉ばかりを選んでいます。

ちなみに、「一度も聞いたことがない。まったくの初耳……」という方も、どうか安心してください。

私は大和証券を退職したあと、メリルリンチに転職しました。もう何十年も前のことです。その際、6カ月間の「新入社員研修」がニューヨークで開催され、講師の人から「金利が上がったら、国債の価格はどうなりますか」といった質問が飛んできたのですが、答えられる人はそう多くはありませんでした（ちなみに、「金利」が上がれば、「国債」の価格は下がります）。

それもそのはずで、多くの新入社員は他業界からの転職組だったのです。私と同じ179期の中には、デトロイト・タイガースで名をはせた元投手もいました。アメリカでは、彼のようなキャリアは特別なものではなく、一度就職した会社を辞めたあとに大学院で勉強して、再び違う業界で腕を振るうといった例はたくさんあります。

昔話が長くなってしまいましたが、私がお伝えしたかったのは、アメリカの証券会社の新人ですら、「投資の基本知識」を持ち合わせていなかったりするわけですから、みなさんが知らないことを恥じる必要はまったくない、ということです。

また、経済学者が必ずしも「優れた投資家」ではないように、「言葉」と「実践」との間には、天と地、月とすっぽんほどの差があります。本書の目的は、投資の知識を学んでいただくことではありません。投資の知識を学んだうえで「実践」して、最終的には「お金に困らない人生」を手に入れていただくことにあります。

ですから講義2のキーワード解説も、通り一遍のことをお伝えするのではなく、みなさんが株式投資を実践するうえで、役に立つことを中心に解説しています。

見ていただければわかる通り、2つの言葉をセットで解説することで、理解が深まるようにしました。

また、それぞれの項目は独立しているようでありながら、互いに関係し合っていたりもします。当然といえば当然で、世界で起こっている出来事は、経済と密接に関わっているものが多く、その影響は私たちの生活にまで及ぶことになります。

たとえば、株式投資をしていると、アメリカの出来事が日本経済に影響することを目の当たりにしたり、遠い場所で起こった紛争が日本の企業の業績を左右したりすることに気づけるようになります。

また先述した通り、「景気循環の波動」と「相場の波動」の間にはズレがあります。投資の世界には「もうはまだなり、まだはもうなり」という格言もあります。つまり、多くの人が「これ以上はもう下がらないだろう」と思っているときに、「まだ下がる」と思えるか否か。あるいは多くの人が悲観しているとき、株価上昇の兆しを見つけられるかは、さまざまなことを関連付けて考えて、自分なりの仮説を描けるかどうかにかかっています。

先ほど書いたように私がバブル崩壊直前にゴルフ場の会員権を売却できたのは、人よりも先にバブル崩壊の兆しを見つけることができたからです。

人よりも先に「時代の流れ」「トレンド」を掴むためにも、これからご紹介するキーワードを別個のものと考えるのではなく、ご自身なりに関連付けて読み進めてみてください。最初は耳慣れず苦痛に感じても、一度慣れてしまえばニュースなどが面白く感じてきます。

知識編 1

デフレとインフレ

「デフレの時代」というのは、モノの値段が恒常的に下がっていく時代であり、日本は長らく「デフレ」状態にありました。

デフレ下において何が起こるかといえば、モノの価値が下がるわけですから、消費者はモノをなかなか買わなくなります。待てばもっと安くなる可能性があるからです。そうすると、安いモノばかりが売れるようになりますから、どこもかしこもバーゲンセールを始めるようになります。

そうした時代に隆盛を極めたのが、100円ショップ、あるいはドン・キホーテのような「安売りの王者」です。いまでは日本を代表するグローバル企業になったファーストリテイリングもデフレ下に急成長した企業のひとつです。

安くてよいものがたくさん売れるならいいではないか——。そういう捉え方も可能ですが、事はそう簡単ではありません。品物の価値が下がると、企業の売上も下がります。売上が下がるということは、利幅が小さくなることを意味していますから、企業の業績も低迷してしまいます。

企業の業績が低迷すれば、当然、そこで働く人の給料やボーナスに影響が出てきます。いくらデフレで不動産価格が下落したといっても、給料も下がってしまっては買いたくても買えません。給料が出ればまだいいほうで、急速に業績が悪くなった企業は、人員整理を進める必要がありますから、失業率も上昇してしまう……。つまり、一見、消費者にとってはメリットのある「安売りの時代」ですが、必ずしも消費者にとってメリットのある時代ではなかったのです。

デフレで下がったのは、モノの値段だけではありません。ご存じの通り「金利」も下がり続けました。金利が下がって困るのはどこかといえば、「銀行」です。商品の値段が下がると、企業の利幅が縮小するように、「利ざや」で稼いでいる銀行の儲けもどんどん縮小することになります。縮小するならまだしも、下手をすると、逆ざやになってしまう……。そんな銀行の株を買いたいと思う人はそう多くはありませんから、ここ30年、銀行の株はずっと底値圏をうろうろしていました。

銀行株だけではありません。アベノミクスが始まるまでの20年の間、いわゆる「失われた20年」の間、日経平均株価および日本経済全体が低迷して、日本人の元気も失われていきました。

先進国の中で過去の高値を抜いていないのは、日経平均だけです。NYダウもヨーロッパ各国の指数も全部新高値をとったにもかかわらず、日本の株だけは出遅れたままだったのです。

そもそも、何をもって「デフレ」と判断するのがよいのでしょうか。デフレをチェックする際、一番わかりやすいのは「金利」です。デフレの国の金利は「極めて低い」という特徴があります。日本のゼロ金利は有名ですが、欧州でも一時マイナス金利になったことがあります。

では、金利で儲けている金融機関はどうするかといえば、投機的なものに手を出すようになります。たとえば、レバレッジを上げて、顧客から預かった1兆円を10倍の

10兆円にして、高い利回りの発展途上国の債券に投資する――。

幾度となくデフォルトしているアルゼンチンまではいかなくても、クレディ・スイスの「AT1債（簡単に言えば、ハイリスク・ハイリターンの証券）」を山ほど買っていたわけです。その額、日本国内だけで1400億円程度といわれています。日本でも大々的に報道されていましたが、あの事件もまたデフレが引き起こした弊害のひとつといえるでしょう。

一方の「インフレ」はどうでしょうか。

インフレになると、今度は物価は上昇していきます。ですから、一般的に「インフレ＝悪」と捉えられて、批判の声が吹き荒れることになります。しかし、一般的にインフレは「円安」を招くといわれています。そして、実はデフレ脱却のきっかけになるのが「円安」です。

円安になると、輸入物価が上がります。これは「輸入インフレ」と呼ばれています。コストプッシュによって物価が上がってくるわけです。

今回の円安で物価が上昇した主な原因はエネルギー価格の上昇です。物価が上がれば、企業の利幅も大きくなり、業績も改善していきます。業績が改善すれば、賃金を上げる気運が高まります。賃金が上がると、収入が増えた個人は商品の購入に充てるため、さらにモノが売れるようになります。モノが売れれば、さらに業績がよくなって賃金も上がる――。そんな好循環のきっかけになるのが、「円安」なのです。

しかし、まだ日本はその段階には至っていません。モノの値段は上がるけれど、賃金はそこまで上がっていません。物価の上昇と賃金の上昇には時差があるからです。その間、我慢しないといけません。

金融機関のアナリストの中には、「悪い円安」という言葉を使って、現在の円安を批判している人もいますが、このまま1年くらい耐え忍べば、企業の業績はさらに改善されていくでしょう。そうすれば、賃金も上がり、雇用も拡大することになります。

すでに輸出産業は空前の円安の恩恵を受けて、軒並み好業績を記録しています。すでに述べた通り、輸出に絡んでいる海運、商社の株も大幅に上がっています。

ようやく、30年以上続いたデフレの長いトンネルを日本は抜けようとしていると、私は解釈しています。インフレ、デフレ、それぞれにメリット、デメリットがありますが、今回のインフレの波に乗って、「お金に困らない人生」を手に入れる方はたくさん出てくるでしょう。

もちろん、物価だけ上がって、企業の業績がなかなかついてこない可能性はありますが、過去30年とまったく違う新しい30年がやってくる可能性のほうが高いと私は考えています。

ですから、デフレマインドとは即刻さよならをして、インフレマインドに変えていかなければなりません。このところ私が「デフレの悲観を叩き売って、インフレの楽観を買え」と発言しているのはそのためです。

これまでのデフレ時代は、現金の価値が上昇したことで、誰もモノを買わなくなりました。「眠れる1000兆円」といわれるように、みなさん、「現金」として保管していたわけです。

しかし、インフレはデフレの逆ですから、現金の価値は下落します。下落する現金を保有する意味は薄れますから、日本国民1億2000万人がインフレマインドに転換しさえすれば、日本市場はこれまでにないほどの盛り上がりを見せることになるでしょう。

知識編 2

円高と円安

「円高」というのは、円の価値が上がることを意味しています。前項でも触れたように、経済理論を背景に「円安よりも円高のほうがいい」と考えている人はたくさんいます。円の価値が高いというのは、国のファンダメンタルズ（経済の基礎的条件）が強いことを意味しているからです。

だから、私が「日本は超円安によってデフレを脱却して、日本の株価は上昇して景気はよくなる」というと、「円安は日本にとってよくないことですよね？」と反対意見が出てくるのです。通貨が安くなると聞くと、際限なく安くなって、やがてはデフォルトに陥ったアルゼンチンなどを想像する方がいるかもしれません。しかし、「日本の円」は「アルゼンチンのペソ」とは、置かれた状況がまったく違います。

この30年間、デフレ下にあった日本経済はいわば「集中治療室」の中にいたようなものです。緊急手術が必要な状態から、ようやく脱して、普通の生活に戻るために必要なのが、「円安」という名の特効薬なのです。もちろん、特効薬ですから、ずっと飲み続けるわけにはいきません。私もずっと「円安」が続けばいいといっているのではありません。デフレを脱却して、日本経済がインフレ基調になったなら、円安でなくてもいいのです。

もうひとつたとえ話をすると、「円安」はゴルフでいうところの「ハンディキャップ」のようなものです。30年前は1ドル100円を割り込むような円高でもあり、シングルプレイヤーで実力のあった日本ですが、バブル崩壊後は不調続きでハンディキャップをもらってプレイしている。ハンディキャップ、円安のハンディをもらわないと勝負にならないからです。これがいまの相場の状況です。

その意味では、2022年に1ドル150円台をつけたのは、日本がデフレからインフレに向かうひとつの号砲となりました。

特効薬を飲んで、ハンディキャップをもらって、それで体調が回復した暁には、黙っていても円安は終わりを告げ、しかるべき水準で安定するはずです。しかるべき定位置が120円なのか、130円なのかはまだわかりませんが、私自身は次の2～3年は、日本がデフレから脱却して、好況が到来すると考えています。

この項目で知っていただきたいのは、「円高がいい」「円安がいい」とは、単純にはいえないということです。そのときの経済の状況によって、意味合いは変わってくるからです。

たとえば、1ドル150円となった際、「悪い円安だ！　物価も上がって国民は困っている」と唱えた方々がいましたが、トヨタをはじめとする自動車産業など輸出関連の企業はとんでもないくらいの好業績となりました。

「いや、トヨタの工場は海外にあるので、為替の恩恵はない」という反論がありますが、それは正確ではありません。現地でドル建てで受け取っていたとしても、日本の企業のバランスシートは最後には「円」で評価します。つまり、海外で受け取ったドルは、いまのような超円安時代には、全部含み益のような形になっているわけです。

輸出メーカーの大半はドル建ての収入が多いはずです。そうした企業はいま空前の恩恵を受けています。もちろん、為替ヘッジ（為替変動の影響を回避する仕組み）をしている企業もあるでしょう。為替ヘッジをしていると、円安メリットは享受できませんので、企業によって、そのあたりの差が出ているのは間違いなさそうです。

円安にも円高にも、「いいもの」と「悪いもの」があります。にもかかわらず、「円安」であればとにかく「悪い円安」と決めつけるのは、人々に間違った情報を流していることになります。たとえば、1ドル75円のときの円高は「悪い円高」でした。あまりの円高により、日本の輸出産業は競争力を失い、韓国や中国に負けてしまいました。

経済や相場の世界は、「理論通り」にはいきません。すべて、その時々で「状況判断」をしなければなりません。相場の格言に「理外の理」という言葉があるのはそのためです。理論で考える人は失敗します。だから、経済学者で株で大成功した人を、私は寡聞にして知りません。

知識編 3

金利とドル円

「為替相場を動かすものは何か」を突き詰めて考えると、次の2つの要因にたどり着きます。短期的には、各国の金利格差です。たとえば、円とドルでいえば、「日米の金利格差」が為替相場を動かしています。アメリカの金利が高くて、日本の金利が低かったら「ドル高円安」になります。

なぜか。金利の高いほうに世界のマネーは流れるからです。もし、アメリカの銀行にドル預金すれば「3%」もらえるのに、日本の銀行の金利が0・001%だったら、誰でもアメリカの銀行に預けるはずです。その結果、円を売って、ドルを買う動きが加速し、「ドル高円安」になっていくのです。

実際、いま日本の金利はゼロに近いため、「ドル高円安」となっており、この傾向はしばらく続いていくと考えられます。

アメリカの金利が高い原因のひとつが、アメリカのインフレです。インフレ下においては、金利は高止まりします。現状、アメリカの金利が日本のようにゼロ近くまで下落することは絶対にありません。ですから、今後1ドル150円台をさらに超えてくるかどうかはわかりませんが、昔のように1ドル70円になることは当分ないでしょう。中長期的には125〜135円あたりに落ち着くと考えるのが妥当ではないでしょうか。

1ドル70円だった時代に比べると、いま現在は空前の「超円安時代」といえます。若い方はご存じないかもしれませんが、昔はもっと円が強い時代がありました。為替でも、株価でも、短期的なサイクルだけでなく、長期的なサイクルを見ることが大切です。

ここまで「為替相場を動かすもの」を「短期的」な視点で考えてきましたが、ここからは「長期的」な視点で考えていきます。

為替相場を長期で動かすのは、各国のファンダメンタルズの差になります。つまり、ドルと円であれば、日米のファンダメンタルズの差によって、円高になったり、円安になったりするわけです。

ファンダメンタルズ、すなわち結局は、「国力の差」によって動くということです。国力の強い国の通貨が買われて、弱い国の通貨が売られるわけです。いくら金利が高くても、アルゼンチンの通貨の価値が上がらないのはそのためです。

金利差だけで考えれば、日本では考えられないくらいの金利となっている中南米の国の通貨の価値は上がるはずですが、そうはなっていません。国力が崩壊して、通貨が紙きれのような価格になってしまった例がたくさんあることをみな知っているからです。

繰り返しになりますが、短期的には金利の高いほうにマネーは動きます。しかし、先進国にしかマネーは向かいません。なぜなら、それ以外の国に向かうと、元金がなくなる可能性があるからです。

中国は世界第2位の経済大国ですが、中国は公正なマーケットとは思われていません。人民元が操作されている可能性を鑑み、より公正なマーケットにマネーは流れます。**それが、ドル、円、ユーロの3つです。世界中どこに行っても、この3つの通貨の交換ができるのはそのためです。**この世界三大通貨は信用が高いということです。

そして、長期的には国力の差によって相場は動くことになります。経済力、外交力、軍事力、資源力など、総合的な国力の差が、為替を考える際には重要になってくるのです。

国力というのは、経済を勉強しなくても、だいたいわかるはずです。なんといっても一番強い国は「アメリカ」です。だから、富裕層の多くはドルで預金をしています。いま、一時的にアメリカ経済は低迷しているとはいえ、ドルの信認は厚く、マーケタビリティ（市場性）も高いからです。

知識編 4

金（ゴールド）とドル／金と石油

金が買われる理由のほとんどは「インフレ・ヘッジ」です。

インフレが起こると、ドル、円、ユーロといった「法定通貨」の価値が下がります。

そもそも「法定通貨」とは何か。ひと言でいえば、各国が発行している「お金」です。ドルであればアメリカ、円であれば日本、ユーロであればEUが「お金を刷る」権利を持っているわけです。なかでも、一番影響力があるのが、国際金融市場での基軸通貨である米ドル。それに準ずる通貨とされているのは、円とユーロで、為替市場での取引量の上位を占めているのが、この三大通貨になります。

ちなみに、この三大通貨に準ずる信用度の高い通貨をあえて挙げろといわれれば、

「スイスフラン」になります。スイスフランに比べると、ずいぶん信用度は落ちますが、その次は「シンガポールドル」「イギリスポンド」あたりで、言葉を選ばずにいえば、これ以外の通貨はほとんど市場性がないといっても過言ではありません。

この事実から考えても、日本では国も民間も「日本が大変なことになる」と唱えていることに私は疑問をもっています。その悲観論のベースにあるのは、少子高齢化であったり、労働力の不足によって、日本経済が凋落《ちょうらく》していくというシナリオです。本書で度々主張しているように、これから日本株の黄金時代が来ると予測している私としては、もっと日本の国力が評価されてしかるべきだと考えているわけです。

内容面の精査は必要とはいえ、32年間、日本は世界のなかで「最大の純債権国」です。ちなみに、2位以下は、ドイツ、中国と続き、アメリカは「世界最大の純債務国」です。

純資産というのは、日本の企業や個人が海外に持っている資産や、海外に投資している資産の合計から、海外からの借入を差し引いた数字になります。その額なんと、418兆円のプラス（2022年末時点）。全体でいえば、1338兆円規模の資産を日本は海外に有しており、その差し引きで418兆円のプラスになっているのが実態なのです。

つまり、日本は世界中に資産を持っていたり、お金を貸していたりする最もリッチな国といえるのです。そして、これから日本経済が好況へとシフトしていき、株価が上がっていくと、さらに資産は増えていくことでしょう。

話が脇道に逸れましたが、法定通貨の価値が下落する際には、それをヘッジする動きが生まれます。ドルの信認、ユーロの信認が低下していくと、ドルやユーロを保有している人たちは、ドルやユーロを売って、別のものに乗り換えようとします。その代表格が「金（ゴールド）」です。

ドルの価値が下落すると、金の価値が上昇するため、ドルと金は逆相関の関係にあるといえます。つまり、もし金の価格が上昇しているなら、「ドルの価値が下がっているのではないか」と考えることができるわけです。

逆に、ドルが強いときは金の価格が下がっているので、「金を買うならいまだ！」

と考える人が出てきます。このように、異なるマーケット同士が、順相関なのか、逆相関なのかを考えていくことは、投資をするうえでとても大切になります。

一見、マーケットはひとつずつ独立しているように見えますが、実はマーケットとマーケットは密接に関連しています。このことは「インターマーケット」と呼ばれています。その関連をわかっていると、マーケット同士がどう影響し合うのか、こちらのマーケットがこう動いたなら、こちらはこう動くのではないかという「先行き」を読むことが可能になります。

金と石油との違いについても触れておきたいと思います。

世界的なインフレが進めば、モノの価値はどんどん上がっていきます。とくに現在は、資源・エネルギーの価格が急上昇しています。金もそのひとつです。

金は長年、インフレヘッジの対象として保有されてきました。今、世界経済はインフレ傾向が強まっていますので、金への投資も選択肢のひとつです。ただし、すでに金価格は高値圏です。今から投資しようとする人は、金の積み立て投資が良いのではないかと思います。金はインフレヘッジにはなりますが、欠点としては株のように配当がないこと、そしてキャピタルゲインは雑所得の扱いで、高収入の方には税率が高くなることが挙げられます。

そして、資源・エネルギーの中でも、「石油」だけは別物です。「金」や「ビットコイン」が需給で動く、すなわち「買いたい人が増えると、価格が上がる」一方で、石油は需給だけでは動きません。インフレ時代に上がるはずの石油が上がっていないのはそのためです。なぜか。アメリカが政策的に下落させているからです。アメリカはいま、石油の備蓄をどんどん放出して、石油の価格が上昇しないようにしています。本書執筆時点の相場は、1バレル80ドル前後。

そのアメリカの政策に憤慨しているのが、サウジアラビアやロシアです。産油国としては、石油の価格が上がってくれないと困るので、当然といえば当然です。ちなみに、一般的に、サウジアラビアが国として黒字になるためには、1バレル80ドル以上の値がつくことが必要といわれています。

知識編 5

暗号資産と法定通貨

ビットコインを買う人の中には、単純に投機目的の人に加えて、「法定通貨の価値が下落する」と考えている人たちがいます。テスラCEOのイーロン・マスク氏もその一人でしょう。彼は、2020年から2021年にかけて、かなりの量のビットコインを購入しました。

そんなビットコインの相場を簡単におさらいしていきましょう。

これまでのチャートを見ると、2017年12月と2018年1月に「ダブルトップ」をつけているのがわかります。アルファベットの「M」の形になっています。天井をつけるときは、だいたいこのダブルトップとなることが多いので要注意です。二番天井をつけたあと、本格的に下がるというのが相場の波動の基本形です。

図5　ビットコインのチャート

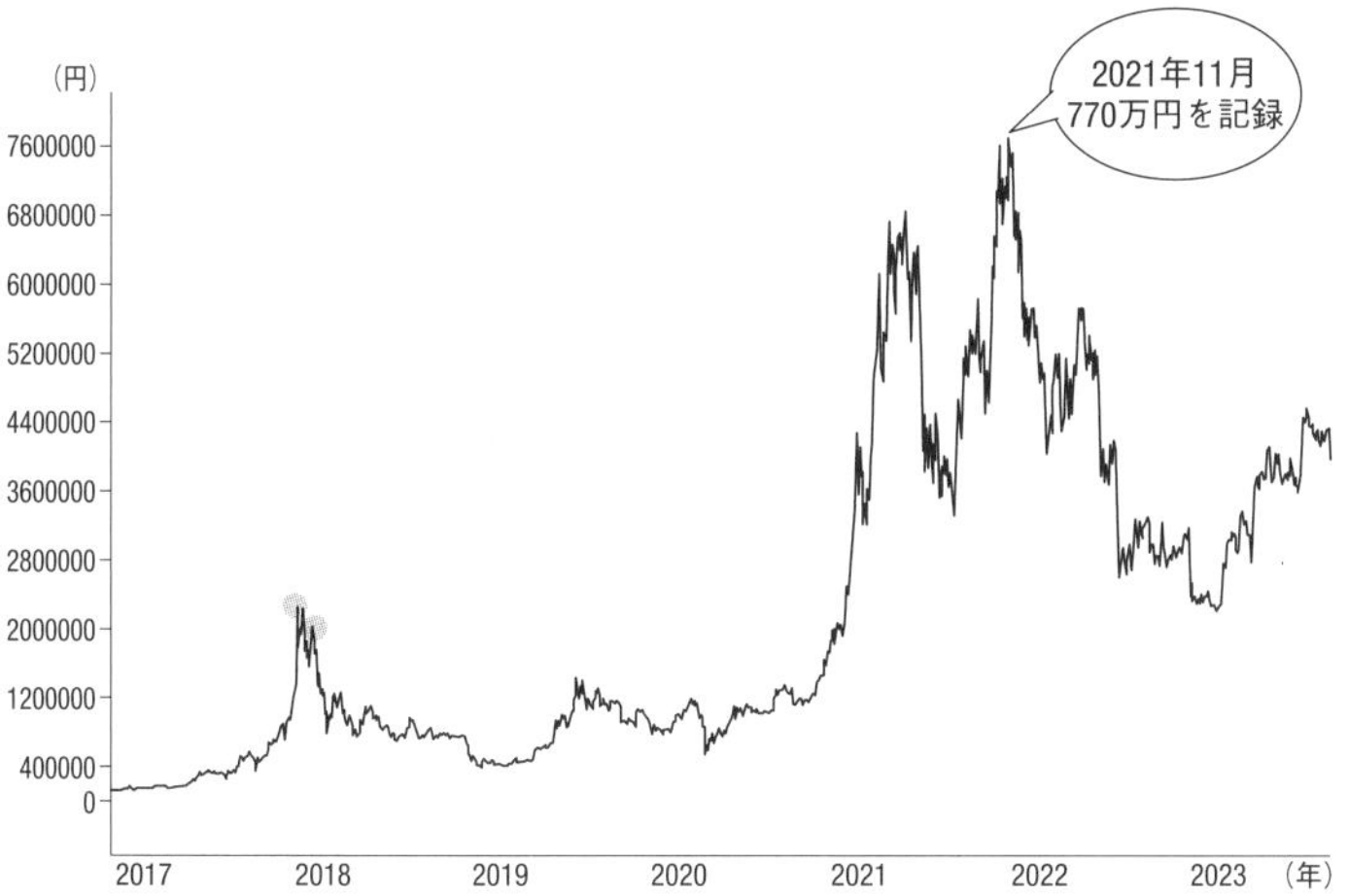

実際、ビットコインも、200万円台から大幅な下落調整局面を迎え、ボトムは30万円台まで下がっています。割合でいえば、7分の1以下になります。

株式の場合は、ここまで急激に下がることはあまりありません。しかし、ハイテク株やビットコインというのは、需給のバランスで動くため、急激な上昇、急激な下落が起こりやすいのです。とくに業績が存在しないビットコインはその傾向が顕著ですから、下がり始めたら一気に下がります。ブレーキなどは存在しません。ですから、下がり始めたら絶対に売らないといけません。

残念ながら、日本の若い世代の中にもビットコインやイーサリアムの暴落で破産した方が相当数出てしまいました。その主な原因はレバレッジにあります。２００万円の元手で１０００万円買うと、20％下がっただけで元金は飛んでしまう……。金融庁も慌てて規制して、いまでは、暗号資産取引所でのレバレッジは2倍までとなっています。

投機的な取引は危険ですが、ドルを中心とした法定通貨の価値が下落する局面では、暗号資産にお金が集まってくることは知っておいて損はないでしょう。

２０１８年1月にダブルトップをつけて下落して以降、誰もがビットコインバブルは終わった、宴は終わったと考えたのですが、約3年後の２０２０年12月に新高値を記録。たった3年で再び新しい上昇相場が来て、12月には以前の高値の２４０万円を抜き、そこからまた1年間上昇を続けました。

波動のサイクルでいえば、ひとたび上がり始めると、12カ月ないし13カ月上昇が続きます。実際、サイクル通りに上がって、２０２１年の11月に７７０万円を記録。下がったときに１コイン買った人は、10万、20万円が７７０万円になっている計算になります。

そして、2021年の11月に再び天井をつけて、いま下がっている最中です。前回と同じくらいの波動のサイクルとなるなら、次の高値は2024年の12月頃になると考えられます。

サイクルには大小さまざまなものがありますが、相場の世界には「大回り3年、小回り3カ月」という格言がありますから、サイクルを考える際には参考にしてみてください。

ちなみに、ハイテク株の女王と呼ばれ、「破壊的イノベーション銘柄を買え！」といい続けているキャシー・ウッド氏も、イーロン・マスク氏と同じく、ビットコインを支持する一人です。彼女は数年前、2030年までに「1コイン＝100万ドルになる」と発言し、その考えをいまも変えていないようです。

いずれにしても、「法定通貨の価値、信用が低下するときは、金（ゴールド）やビットコインといった暗号資産にお金が流れる」ということを覚えておいていただければと思います。

知識編 6

日経平均株価とNYダウ、ナスダック指数

日経平均株価も、NYダウも、ナスダックも、歴史的なサイクルを見ると、安値は1982年の夏から秋頃。そのときのNYダウは約700ドルでしたが、その後約40年かけて3万7000ドルまで上昇しました。

上がった理由は、金利が下がり続けたからです。途中、金融引き締めがあったりと、何度か金利が上昇する局面はありましたが、長期トレンドでは、アメリカの金利は1982年の8月くらいからずっと下がっています。1982年の金利のピークは15%台。いまでは信じられない話ですが、アメリカの国債の金利は15%ということがありました。

金利が下がり続けたのにも理由があります。当時のアメリカといえば、猛烈なイン

フレ。15％台まで上昇した金利を下げるために、ＦＲＢは猛烈な金融引き締めを行ないましたが、なかなか収まりません。しかし、それでも40年かけて金利は下落していき、２０１８年10月くらいには、０・５％（長期金利の指標である米国10年物国債の利回り）を記録しています。

つまり、40年間、「アメリカの金利の下落」と「アメリカの株価の上昇」は逆相関関係にあったわけですが、これからもその関係は続くと考えてもいいでしょう。それを証明するかのように、いま現在、アメリカの金利が上昇しているため、アメリカ株は下落しています。

では、ＦＲＢが連邦公開市場委員会（ＦＯＭＣ）で金利を上げないと宣言したらどうなるでしょうか。逆相関の関係にあるアメリカの株価は上昇する可能性が出てきます。

これは日本も同じです。日本でも、日銀が金融引き締めを行なったり、金利を上げたりすると、日本の株価は下がります。

ちなみに、ＮＹダウ、ナスダックと日経平均株価は、つい最近まで、カップリング、すなわち「連動」していると考えられていました。つまり、ＮＹダウが下がったら、日経平均も下がるということです。

私は以前から、徐々に連動しなくなっていると発信してきましたが、まさに直近の値動きはそのとおりになっています。ＮＹダウが下がっている局面でも、日経平均株価は上昇し、３万円を超え、ついには新高値をつけました。日経平均が新高値をつけた際にアメリカの株がものすごく上がっているかといえば、そうでもありません。

では、なぜ、デカップリングになりつつあるのでしょうか。

それを知るには、長期のトレンドを摑まなければなりません。いま、アメリカの株は長期下落局面にあります。ＮＹダウの天井は２０２２年１月。一度天井を打ったあとは下落します。一方、日本はといえば、30年間続いた長期低迷期から上昇局面に入ろうとしています。カップリングしているのではなく、デカップリングでクロスになろうとしているのです。

だから、いま日本株が上がっているのです。インデックス、積立型の投資信託を買うのなら、NYダウを買うよりも日経平均株価に連動する積立型を買ったほうがいいのが、いまの局面です。私はそうなると読んでいたので、1年以上前から三井住友銀行で、大和証券の日経平均連動の積立型の投資信託を買い始めました。

もちろん、アメリカの株もずっと下がりっぱなしというわけではありません。今後の株価の動きを占うのに参考になるのが、講義1でご紹介した「相場の波動」になります。

波動にはさまざまな種類があり、すべてのパターンを考え始めると、頭が混乱してしまうかもしれませんので、まずは、次の3つを意識してみてください。

「短期サイクル」＝2〜3カ月
「中期サイクル」＝12〜13カ月
「中長期サイクル」＝2年半〜3年

「短期サイクル」は、およそ2カ月ないし3カ月かけて上がり、その後、2カ月ないし3カ月かけて下がります。「大回り3年、小回り3カ月」の「小回り」に該当するのが、このサイクルです。

次の「中期サイクル」は、12カ月ないし13カ月。たとえば、底から出発して高値をつけるのに約1年かかります。つまり、上がり始めたあと1年くらい経ったら注意しないといけません。

3つめの「中長期サイクル」の場合、およそ2年半から3年かけて上がり、その後、2年半から3年かけて下がることになります。

NYダウも、ナスダックも例外ではありません。アメリカの株価は、ハイテク銘柄がひしめき合っているナスダックが牽引していますので、ナスダック指数を見ているとよいでしょう。

具体的に見ていきましょう。ナスダック指数が最初に天井をつけたのが、2021年の11月22日。「中期サイクル」で考えると、3年後の2024年の年末に高値を取りにくる可能性はあると考えられます。

もし2年半のサイクルだったら、どうでしょうか。2024年の年央になります。

ですから、「2024年の年央から年末にかけて、アメリカ株は戻ってくるかもしれない」と警戒しなければなりません。

せっかくですので、2024年にアメリカ株が戻る理由を考えてみましょう。まず足元では、アメリカの景気は後退局面に入っていく可能性があります。景気が悪くなると金利も上げられません。中央銀行が緩和に転じたあと、2024年の中頃にはインフレも一段落して、景気も底打ちすると考えられます。2%までは下がらなくても、いまよりは一段階下がっているはずです。

そのタイミングで行なわれるのが大統領選です。中間選挙ではなく、本選です。歴史的に見て、大統領選挙に合わせてアメリカの景気はよくなり、株価も上がっていきます。

新しい大統領は誰になるか。バイデン大統領続投か、トランプ前大統領返り咲きか、はたまた別の誰かか、それはわかりませんが、もし共和党に有力な候補が出てくれば、次は共和党の可能性もあります。もしバイデン、トランプの再選なら、どちらが勝っても接戦でしょう。政治の混乱も続きます。

いずれにしても、大統領選の年である2024年の年央から年末にかけて、ニューハイテク株もビットコインも上がってくる可能性は、相場の波動から見て十分あります。

もちろん、予測はあくまで予測です。その間に発生する突発的なイベント、たとえば2022年からスタートしたロシアのウクライナ侵攻によって、さまざまな分野の未来が変わったように、何が起こるかは誰にもわかりません。

しかし、自分なりの仮説を立てているか、いないかでずいぶんと結果は変わってきます。ですから、本書の読者のみなさんには、本書の内容を参考に、自分なりの仮説を立てることを習慣化していただきたいと思います。

知識編 7

好況の株高と不景気の株高

株高の3要件は、「財政出動による景気対策」「減税」「金融緩和」です。

政府による一番の景気対策は「財政出動」です。具体的には、道路を修理したり、橋をつくったり、学校をつくったりと公共事業に投資することを指しています。一時期、日本はこれをやりすぎました。その象徴的な存在が田中角栄です。当時もずいぶんと批判されていましたが、ともあれ、**積極財政を行なうと「株高」になります。**

また、「減税」すれば、個人も企業も、消費をするようになりますから、景気がよくなります。これは「金融緩和」も同じで、個人は主に住宅ローンを借りやすくなり、企業は設備投資を行ないやすくなります。

ですから、岸田政権では絶対に行なわれないと思いますが、「減税」をやったなら、一気に「株高」になるでしょう。**3要件のうちひとつでも出てきたら、「株高」のサインです。**

おそらく、これから政府は積極財政に力を入れるはずです。仮に、積極財政を表立ってやらなくても、防衛力の強化等を行なっていくのは既定路線となっており、財政出動により、結果として「好況の株高」を招くことになるでしょう。

一方の「不景気の株高」はどういう状況を指すのでしょうか。景気がよくない状況が続くと、何とか景気をよくしたいということで、金融緩和が行なわれます。好況時の金融緩和と不況時の金融緩和のどちらが効くかといえば、不況時の金融緩和です。**不景気ではあるけれど、金融緩和が始まることで、将来の景気がよくなるという空気が醸成され、それを織り込んで株価が上がるのが「不景気の株高」になります。**

日本では行なわれませんが、海外では景気が悪くなると、すぐに所得税などの減税を行なって、景気をよくしようとします。しかし、それをやりすぎて国家が破綻してしまうこともありますから、注意が必要です。

そのため、日本の政府や財務省は「財政規律」を重視するがあまり、減税はもちろん、積極財政にも否定的です。おそらく、これからも財務省の考えは変わらないでしょう。税金を下げるどころか、上げる可能性すらあります。

アメリカなどもそうですが、今後、とくに富裕層に対する増税が行なわれる可能性は十分にあります。

知識編 8

「デフレ、円高、株安」VS「インフレ、円安、株高」

デフレの場合は、モノの価値が下がって通貨の価値が上がるので、当然「円高」になります。物価が下がる、すなわち商品価格が下がると、みなさんがもっている現金の価値は上昇します。

たとえば、昨日まで200円で売っていた豆腐が、今日になったら100円に、明日には50円になるとどうなるでしょうか。昨日までの豆腐は1000円で5丁、今日は10丁、明日は20丁買えるようになります。つまり、同じ1000円でも購入できる豆腐は増えるわけですから、現金の価値が上がったといえるのです。

そして、現金価値、すなわち円の価値が上がるため、デフレになると円高になるわけです。

すでに、「デフレとインフレ」の項目でご説明したように、デフレ下では、商品価格が下落するため、企業の利幅は減少していきます。生産コストに見合う値上げができなくなると、企業はコストを圧縮するために人件費を削減し始めます。そうすると、賃金が減少して、人々がモノを買わなくなって、デフレ不況になる――。

こんな状態を日本は30年間も続けていたのです。かつては、「ジャパン・アズ・ナンバーワン」といわれ、世界トップの経済成長国だった日本は、GDPランキングで第3位まで下落してしまいました。

ただ、知識編4でご説明した通り、実は「純債権国ランキング」では、日本はいまだに世界1位となっています。しかも32年連続で1位です。もし、この事実が広まると、「増税なんてとんでもない」という声が大きくなるのを懸念してか、財務省はこのことを声高に叫ぼうとはしません。増税するためには、「日本は危機的状況にある」といわなければならないと考えているのでしょう。

話を元に戻すと、いま、30年続いた「デフレ、円高、株安」の時代がようやく終わろうとしています。そして、「インフレ、円安、株高」の時代に向かおうとしています。

そのきっかけとなったのは、2022年に、32年ぶりに1ドル150円台をつけた急激な「円安」です。これによって、いわゆるコストプッシュインフレが起こり、物価はどんどん上がっていきました。

この物価上昇を受け、業界の識者の多くは「悪いインフレ」と批判しましたが、結果的に企業業績は大幅に改善しました。たとえば、トヨタをはじめとする自動車産業は空前の好業績となっていることはすでに述べた通り。

「トヨタをはじめとする輸出産業の工場は海外にあるので、日本にとってはあまりメリットはないのではないか」という声もありますが、最終的には「円」になって戻ってきます。株でいえば、含み益が出ている状態といっていいでしょう。

そして、いよいよ、日銀の植田新総裁は、黒田前総裁も成し得なかった「物価目標

2%」を実現しようと動き出しています。黒田総裁時代のアベノミクスによって、雇用は大幅に改善し、株価も8000円台から3万円台まで上昇しましたが、唯一、心残りとなったのが、この「物価目標2%」を達成できなかったことです。実際、スイスでのダボス会議で、黒田前総裁はそのように発言していました。

ですから、この目標は、植田総裁にしっかりとバトンタッチされたと考えるのが妥当です。もし、2、3年以内に、物価目標2%、インフレ率2%に向かうと、資産インフレも同時に起こります。もちろん、株価も上がります。

その意味では、植田総裁のメッセージには注意しておかないといけません。いまは金融緩和を継続していますが、たとえば、金融緩和の打ち切り、あるいは出口戦略について言及し始めたら、要注意です。

たとえば、黒田前総裁が0・5%まで引き上げた金利を、植田新総裁は最近、上限を1%まで上げました。つまり植田新総裁は、慎重に2%に向かって金利をジリッと上げたのです。長年「水風呂」に浸かっていた日本経済の湯加減が、いい湯加減に向かおうとしているのです。

知識編 9

デタント(緊張緩和)と冷戦

さきほど、株高の3要件を「財政出動、減税、金融緩和」とお伝えしましたが、実はもうひとつあります。それは「国際情勢の安定」です。

国際情勢の安定は株価に好影響を与えると考えられています。

これまでの歴史を簡単に振り返ってみましょう。

1989年末の米ソ冷戦終結によって、1990年代以降は東西の緊張は緩和していき、世界情勢は安定期に入っていきました。そして、ロシアのウクライナ侵攻が開始する2022年までは、アメリカ主導のもと、一定の平和が保たれてきました。

しかし、ウクライナ有事は1年半が経ったいまも解決に至っていません。解決に至るどころか、むしろ混迷を極めているようにすら見えます。見方によっては「新冷戦構造」がスタートしつつあるかのようにすら思われるほどの緊張状態が続いています。

その状況に拍車をかけたのが、2023年5月に広島で行なわれたG7サミット(第49回先進国首脳会議)です。極め付きは、急遽、決まったウクライナのゼレンスキー大統領の来日。期せずして、「日米欧が結束してロシアと戦う」というメッセージがより鮮明なものになりました。

政治的な感情を抜きにしていえば、このメッセージが日本の未来にとってプラスに働くのか、マイナスに働くのかはよくよく考えてみなければなりません。ロシアだけでなく、ロシアの友好国の中国とも、日本は高度なコミュニケーションをしていく必要があるからです。

また、前政権に比べ大きく日米欧側に舵を切った韓国の存在も忘れてはなりません。このことによって、日米韓による連携は強化され、軍事費も増大することが予想されます。さきほど、「国際情勢の安定」が株価に好影響を与えるといったことと矛盾するようですが、短期的には軍事力の強化は、景気にプラスに働くケースが多いのも事実です。

知識編 10

FRB、ECB、日銀

先述したように、世界の基軸通貨は、「ドル、ユーロ、円」です。

その基軸通貨を司るのが、アメリカの「連邦準備制度理事会（FRB）」、ユーロ圏の金融政策を担う「欧州中央銀行（ECB）」、そして日本の中央銀行である「日本銀行」になります。

なかでも、ドルを司るFRBが行なう政策の影響は絶大で、FRBの金融政策によって世界のマーケットは動いているといっても過言ではありません。

つまり、「FRBは引き続き金融引き締めを続けるのか?」「金利、利上げはピークアウトになるのか?」という点を、世界中が注視しているのです。

ただ、私の波動の読みでは、アメリカの株価が40年間上昇するのと併せて、金利も下落を続け、すでに底打ちしています。ですから、長期トレンドでは、アメリカの金利は上昇する一方、株価は下降するというのが私の読みです。

その1回目の転換点が、2024年の年央から年末くらいにやってくるのではないかと私は考えているわけです。

以上が、投資キーワード【知識編】です。

次のページからは、投資キーワード【実践編】に入ります。頭の片隅に置いて読み進めていただくことで理解が深まると同時に、これらの言葉を知っておけば、投資をしていいて必ず役に立つときがくるはずです。

実践編 1

ラインの放れ

「ラインの放れ」の説明をするために、まずは「上値抵抗線」と「下値支持線」について説明しましょう。

「上値抵抗線」とは、「上値」を抑えている線であり、過去の高値を結んだラインのことです。「下値支持線」はその逆で、株価を下支えする線であり、過去の安値同士を結んで表現します。

たとえば、過去の高値を結んだラインを放れて大きく上昇することを「上放れ」と呼び、逆に下値支持線を大きく放れて下落することを「下放れ」と呼びます。

株価がもみ合ったあと上に放れたときは、大きく上昇することを示唆します。いわゆる「上昇トレンド」が期待できるということです。

図6　上値抵抗線と下値支持線

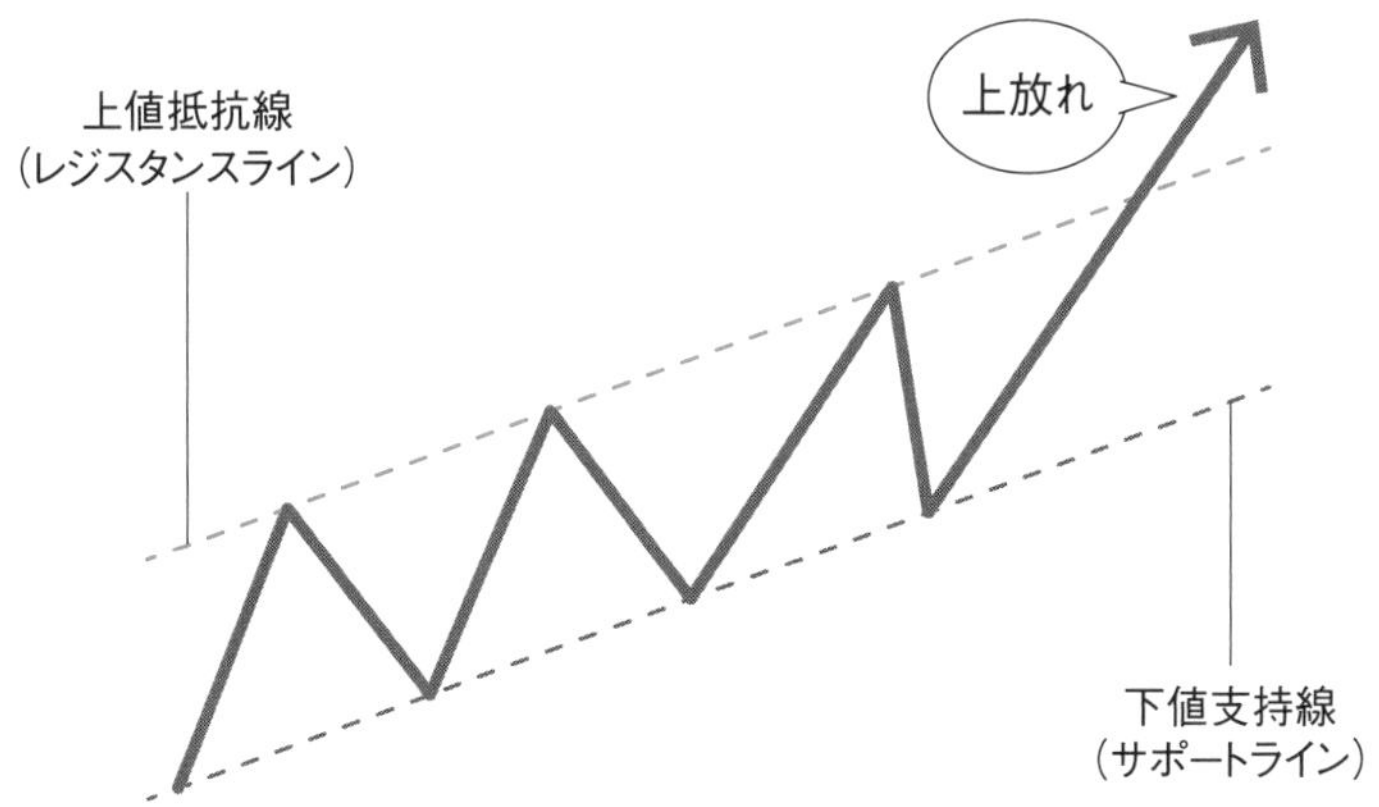

自分でチャートを見るようになったら、まずは「上値抵抗線」と「下値支持線」を引く練習をしてみるといいでしょう。なお、「上値抵抗線」のことを「レジスタンスライン」、「下値支持線」のことを「サポートライン」と呼ぶこともあります。

実践編

2 三角保ち合いの放れ

図7をご覧ください。上値と下値の幅がだんだん小さくなっていくと、前項で説明した「上値抵抗線」と「下値支持線」がぶつかり、「二等辺三角形」のような形になります。これが「三角保《も》ち合《あ》い」です。

この「三角保ち合い」には、大きく3つの種類があります。

ひとつは、二等辺三角形の頂角が「高い位置」にある場合。2つめは「低い位置」にある場合。そして、3つめは、真ん中あたりにある場合です。

「上値遊び」という言葉があるように、高値でもみ合う状態は「強い」といえるため、頂角は高い位置にあるに越したことはありません。

ただし、油断は禁物で、三角保ち合いとなった場合は、「窓」が開く方向を見定め

図7　三角保ち合い

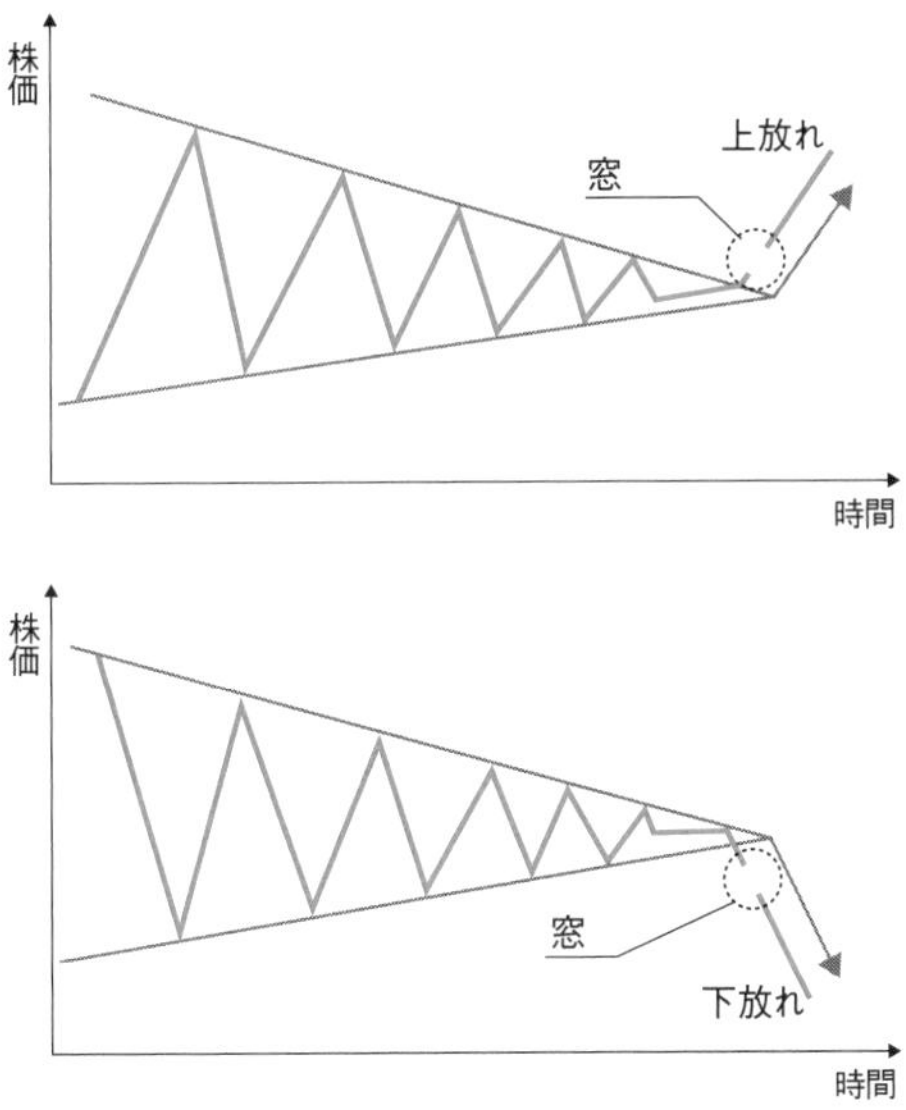

る必要があります。「窓」とはラインが放れてチャート上にあく余白のことで、「空《くう》」とも呼びます。投資家の買い注文、売り注文が殺到し、株価が大きく変動することで発生します。

「上」方向に窓をあけて上昇することを「上放れ」、「下」方向に窓をあけて下落することを「下放れ」と呼びます。

前者、上窓は「買いのサイン」、後者、下窓は「売りのサイン」となります。

実践編 3

トレンドラインの引き方

トレンドラインを引く、すなわち、さきほど説明した「上値抵抗線」や「下値支持線」を引くことで、おおよその「トレンド」を摑むことができます。

株価における「トレンド」は、大きく分けると、上方向か、下方向か、横ばいか、の3種類になります。

その際に忘れてはならない原則が、「下げない株は強い」ということです。また、調整のために下がったとしても、その下げ幅が小さいほうが、上昇する可能性が高いことも覚えておいてください。

たとえば、「3分の1押し（147ページ参照）」と「半値押し（147ページ参照）」であれば、下げ幅の小さい「3分の1押し」のほうが強いと考えられます。

実践編 4

三空に買いなし

「上窓は買いのサインン」とお伝えしていますが、図8のように窓（空）が3つ開いたときは注意が必要です。過熱感が意識され、「そろそろ天井なのではないか」と考える投資家が増え、利益確定売りが優勢となり、下落に転じる可能性が高くなるからです。こうした状況への警鐘として、「三空に買いなし」「三空踏み上げ、売りに向かえ」という格言があるほどです。ローソクについては139ページ参照。

図8　三空

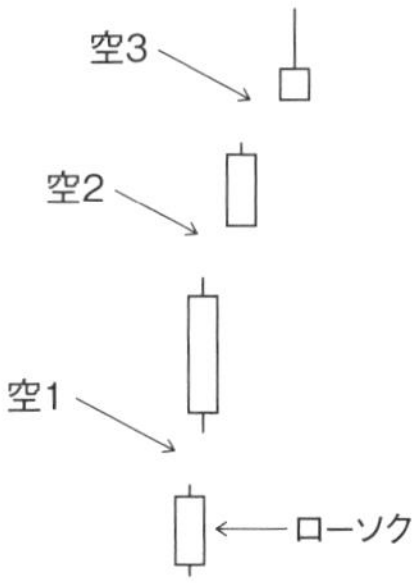

実践編 5

三空たたきこみ

「三空たたきこみ」は、「三空踏み上げ」の逆で、下方向に窓が3つ開いた状況を表す言葉です。「天井」が意識される「踏み上げ」とは逆に、「たたきこみ」の場合は「底入れ」が意識され、投資家は「そろそろ下げ止まるのではないか」と考え始めます。そのため、窓が下方向に三度開いたときには、「反発する可能性」を視野に戦略を考えていくとよいでしょう。

図9　三空たたきこみ

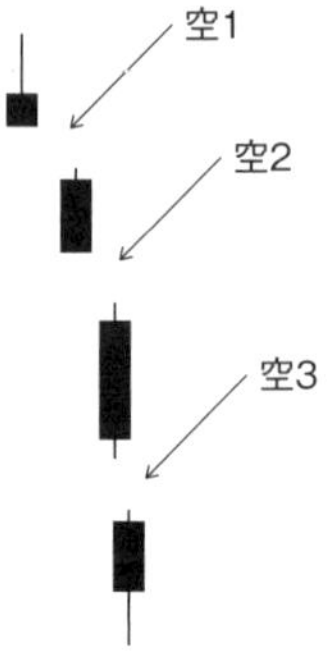

図10　放れて十字翌日安売り陰線

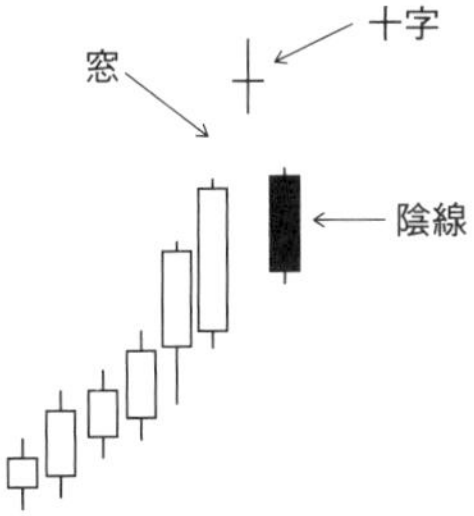

実践編 6

放れて十字翌日安寄り陰線は暴落の兆しあり

上方への「ラインの放れ」は「買いのサイン」になりますが、図10のように上に窓を開けて十字線（145ページ参照）が現れたあと、翌日、黒いローソク（陰線）となった場合は、「暴落のサイン」と考えられています。

ちなみに、始値に比べて終値が安かった場合に「陰線」、始値に比べて終値が高かった場合には「陽線」（白いローソク）となります。

つまり、当初、優勢だった「買い」の勢い

図11　陽線と陰線

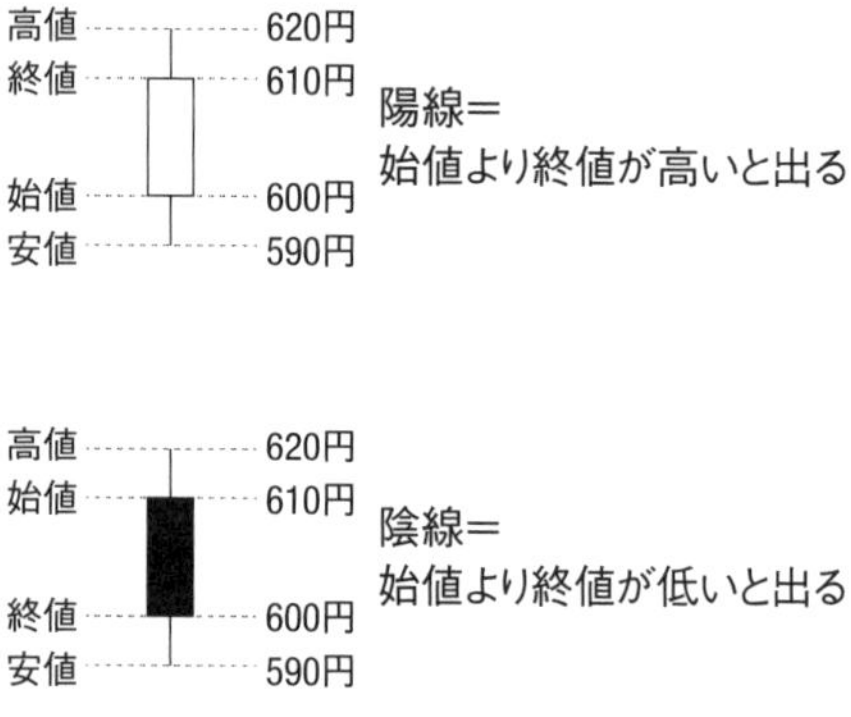

を、「売り」の勢いが凌駕したことで「陰線」が出現するわけですから、「放れて十字翌日安寄り陰線」はトレンドの転換点になり得るのです。

実践編

7 天井型ダブルトップ、底入れ型ダブルボトム

「ダブルトップ」は、図12のように、チャートがM字形となっている状態であり、「天井」のサインと考えられています。つまり、二番天井をつけたあとに大きく下落する可能性が高いため、ダブルトップとなったら、すぐに売らないといけません。

一方の「ダブルボトム」は、ダブルトップの逆で、「底入れ」のサインと考えられています。図13のようにW字形となる状態です。その際、二番底が一番底を下回っていないことがポイントになります。一番底よりも二番底が下回ってしまうと、さらに下落する可能性が高くなるためです。

ただ闇雲に購入するのではなく、二番底を入れたあたりで購入すれば、比較的短時間に上昇する可能性が高いため、時間をかけずにお金を働かせることが可能になります。

図12　ダブルトップ

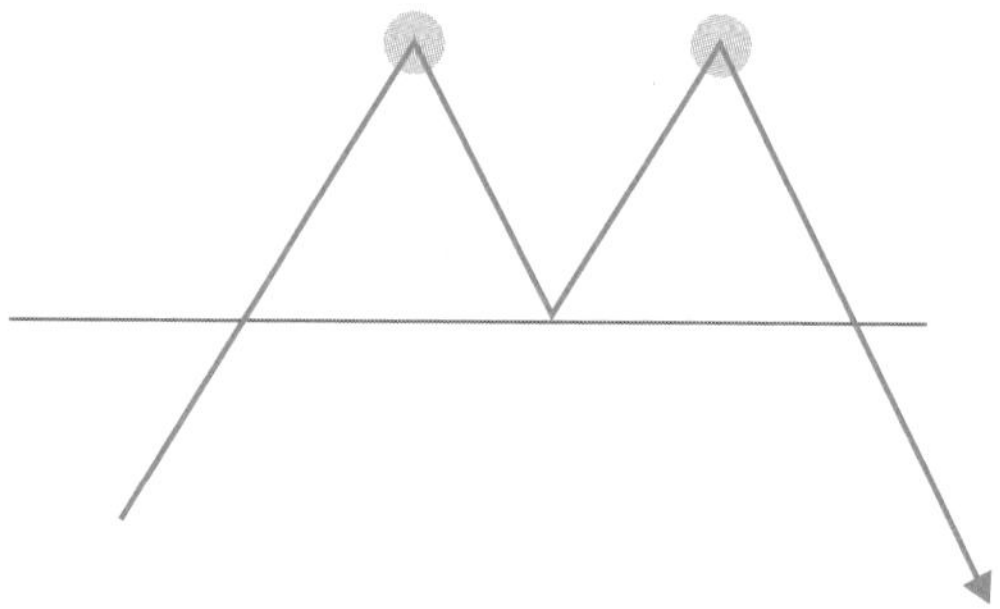

図13　ダブルボトム

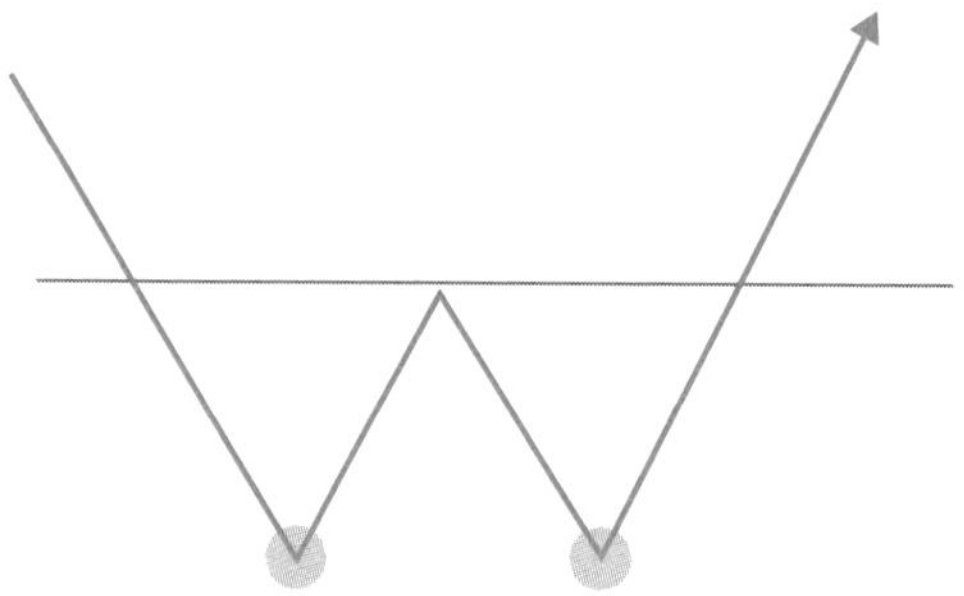

実践編 8

天井型トリプルトップ、底入れ型トリプルボトム

「トリプルトップ」を学ぶには、本書で紹介している「Arent」（228ページ参照）のチャートが打ってつけです。ダブルトップは「売りのサイン」ですが、トリプルトップを形成した場合はなおのこと売らなければなりません。

ただ、これは知っていなければ売れませんが、その実、知っていても売れないことが多いため、中・上級者であっても過信することなく、自らの「欲」に打ち勝って、一度手放すことをおすすめします。

「トリプルボトム」は、ダブルボトムと同じく「底入れ」のサインになります。株は安値で買えるに越したことはありませんが、いったん底値圏を形成すると、浮上するのに時間がかかるケースが少なくありません。そうならないためには、これ以上は下

図14　トリプルトップとトリプルボトム

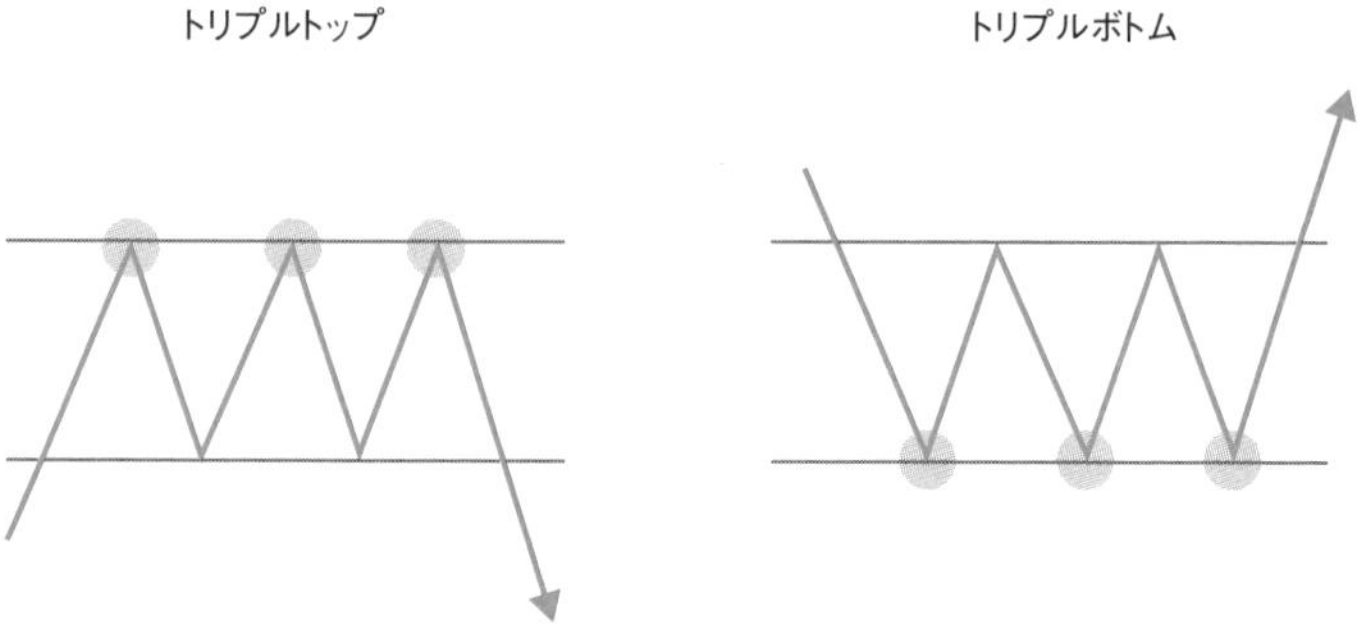

がらないであろう「底」を見極め、再浮上のきっかけになり得る「トリプルボトム」「ダブルボトム」を見逃さないことが重要になってきます。

図15　十字と極線

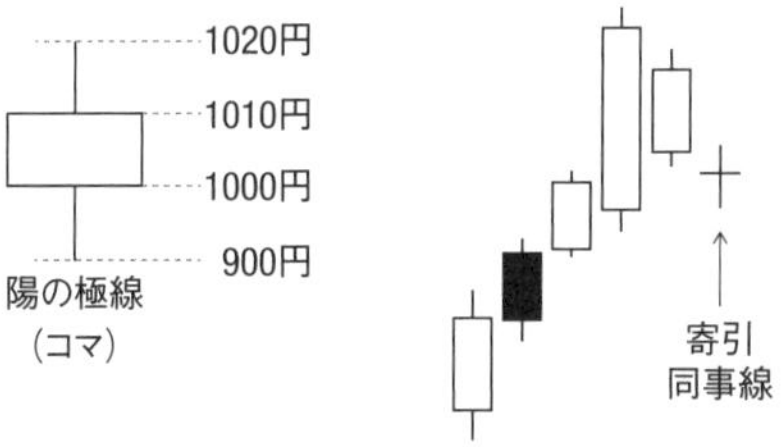

実践編 9

寄引同事線、極線は攻防の分岐点

「寄引同事線」とは、寄り付き値（始値）と大引け値（終値）が同じ場合に現れる図15の右側のような「十字」のこと。

「極線《きょくせん》」は、寄り付き値と大引け値との差が極端に小さいときに現れる「コマ」のような形のローソク足のことを指しています。図15の左側のようなものです。

「寄引同事線」は、「買い」と「売り」が拮抗していることの表れであり、「極線」は上にいくのか、下にいくのか方向感に乏しい状況といえるため、上昇するか、下落するかの「攻防の分岐点」になります。

では、高値圏で上に長い十字（剣のような形）が現れたら、どう考えるべきでしょうか？ このような状態を、江戸時代に考案された「酒田五法」では「上ヒゲ天井」と呼び、「天井のサイン」とされています。一方、底値圏で下に長い十字（剣を逆さまにしたような形）が現れた場合は、「底入れのサイン」と考えられています。

図16　2つの十字

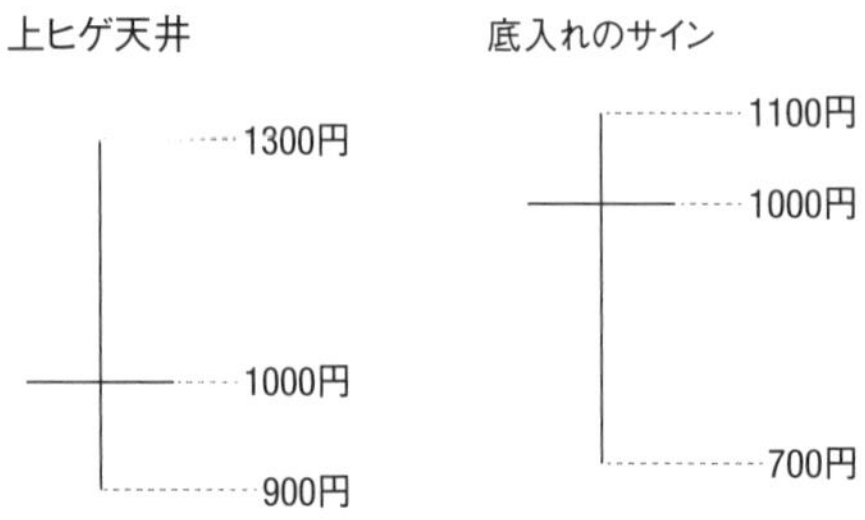

つまり、「ヒゲ」が「上」と「下」のどちらに長く伸びているかをチェックすることで、強気と弱気のバランスを推し量ることが可能なのです。投資の手法が江戸時代から確立されていることに驚いた方もいるかもしれません。本質的なことは今も変わりません。本などで勉強してみても大変面白いですよ。

実践編 10

半値押し、3分の1押し。半値戻し、3分の1戻し

「半値押し」と「3分の1押し」は図17のような状態を表した言葉です。

つまり、下げ幅が、上げ幅（B－A）の半分程度であれば「半値押し」、3分の1程度であれば、「3分の1押し」となります。

では、「半値押し」と「3分の1押し」のどちらが強い波動といえるでしょうか？

答えは「3分の1押し」です。下げ幅が小さいほうが波動としては強く、上昇する可能性が高いと考えられるからです。

もちろん、「半値押し」も弱いとまではいえません。「半値押し」は、いわば「攻防の分岐点」であり、上にいくのか、下にいくのか、五分五分と考えるとよいでしょう。

図17　半値押しと３分の１押し＆半値戻しと３分の１戻し

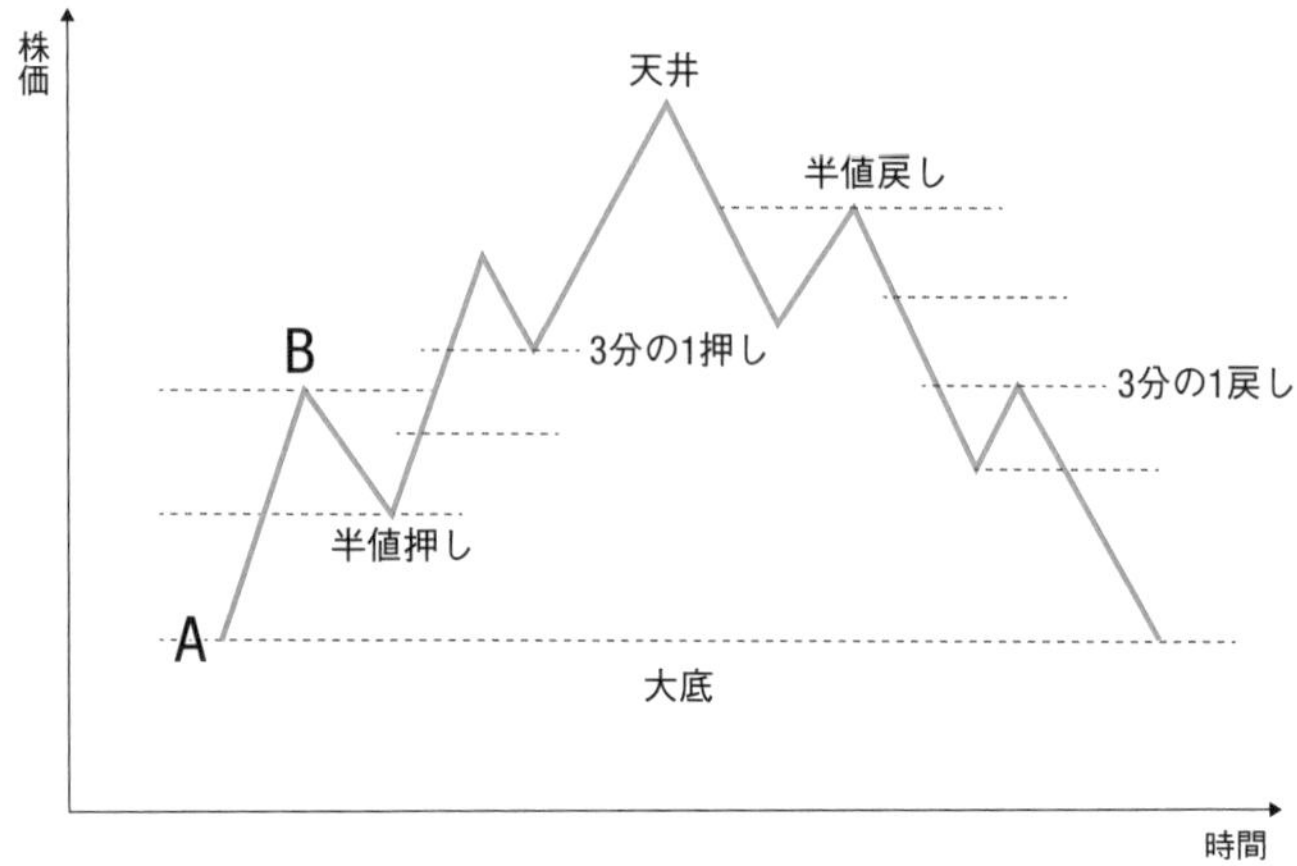

次に「半値戻し」と「3分の1戻し」について見ていきましょう。

一度下落したあとに戻る上げ幅が、下げ幅の半分程度であれば「半値戻し」、3分の1程度であれば「3分の1戻し」となります。

下がったものがすぐに半分戻るということは、安くなったことで買った人、つまり安ければ買いたいと思っていた人がたくさんいるということ。よって、「半値戻し」まで来たら、元の株価まで戻る可能性あり、と考えることができるのです。「半値戻しは全値戻し」という言葉もあるくらいです。

実践編 11

値ごろより日柄。大回り3年、小回り3カ月

私は常々「相場の波動」を読む際には2つの観点から分析しています。ひとつは「価格の波動」（値ごろ）で、もうひとつが「時間の波動」（日柄）です。「価格の波動」を考える際に注目すべきは、過去の「高値」や「安値」です。たとえば、「過去の高値を超えてきたら強い」とか「過去の安値が下値支持線になっている」と考えることができます。「ダブルトップ」や「ダブルボトム」を判断するときにも、「高値」「安値」がポイントになります。

一方の「時間の波動」は、本書で紹介している「景気循環の波動」と密接に関連しています。せっかくですので、50ページでご紹介した4つの波を、ここに再掲しておきましょう。

超長期＝約60年（インフラ投資の波、コンドラチェフの波）
長期＝20～25年（建設投資の波、クズネッツの波）
中期＝7～10年（設備投資の波、ジュグラーの波）
短期＝約3年（在庫投資の波、キチンの波）

「大回り3年、小回り3カ月」という投資の格言の「大回り」は、「在庫投資の波」と近いサイクルになります。ちなみに、「小回り3カ月」は、本書でも紹介している「3月またがり60日」という言葉と近いサイクルであり、およそ3カ月周期で株価が上昇したり、下落したりすることを指しています。

チャートを読む際には、「値ごろ」と「日柄」の両方が大切になってきますが、私はとくに「日柄」を重要視していると先述しました。

価格の波動（値ごろ）では、その株の強さ、弱さを測ることができます。たとえば、過去の高値を突破した株は強い。直近の安値を下回ったら弱い。これらがわかりやすい例です。一方、時間の波動（日柄）は、株価が底入れしてからどのくらい時間が経っているか？　天井をつけてから何ヶ月、何年下がっているかなどの時間を知ることによって、そろそろ底入れ近しとか、天井圏内に入ってきているのではないかとか、いわば株価のすう勢を測ることができます。

たとえば私が２０２３年の１～３月に株価が底入れするのではないかと予想したのは、２０２０年３月のコロナショックの安値から２０２３年３月はちょうど３年目になるので、「大回り３年」を意識したわけです。つまり、日柄によって株価のすう勢を知って、日経平均株価でも個別の銘柄の株価でも、当面の株価の強さ、弱さによって株価の矢印が上なのか下なのか横ばいなのかを推測する手がかりとするのです。

以上、投資キーワード【実践編】もお伝えしました。少しずつ、市場やチャートについてのイメージがわいてきたでしょうか？　ここからは、いよいよ具体的な注目銘柄をご紹介していきます。ここまでに学んだ数々のキーワードがどんなふうに判断材料になっているか、楽しみにお読みください。

3 講義

「持っているだけ」でいいブランド銘柄

ここで紹介するのは、業界を代表する企業ばかり。ブランド力があり、かつ業績のよい銘柄を選んでいるため、圧倒的にローリスクです。初心者の方は「自分がよく知っている企業」への投資から始めてみてはいかがでしょうか。

ブランド銘柄

1 日清食品ホールディングス

2897　東証プライム

誰もが知っている日本を代表する企業が並ぶ「ブランド銘柄」のトップバッターは、1971年発売の世界初のカップ麺である「カップヌードル」を筆頭に、即席麺や冷凍食品等を手がけている日清食品ホールディングス。2020年に子会社化されたポテトチップスの湖池屋、「ピルクル」の日清ヨーク、「明星チャルメラ」の明星食品などが、ホールディングスの一翼を担っています。

2018～2019年には、創業者の安藤百福と妻の仁子がモデルとなったNHK連続テレビ小説『まんぷく』が放送されていましたので、ご覧になった方も多いことでしょう。現在は創業者の次男である安藤宏基氏が社長を務めています。

株価は2023年5月9日をピークに下がっていますが、時価総額は1兆3000

億円を超えている大企業ですので、底力はお墨付きです。直近の決算では売上、純利益ともに過去最高を記録していますから、今後にも期待がもてそうです。ちなみに、好業績を受けて配当も増額。２０２３年は年間で１株あたり１４０円となっています。

近年は海外展開を強化しているとのことで、いま以上に世界の消費者を取り込めるなら、世界シェア１位の奪取も可能なのではないでしょうか。ちなみに、現在の１位は、中国市場を取り込んでいる台湾系の企業とのことです。

ブランド銘柄 2

マツキヨココカラ&カンパニー

3088 東証プライム

2021年にマツモトキヨシとココカラファインが経営統合して生まれた会社。ドラッグストアの売上高ランキングは、1位ウエルシアホールディングス、2位ツルハホールディングス、3位マツキヨココカラ&カンパニーですが、**時価総額ランキングでは堂々のトップ**となっています。

マツモトキヨシのルーツは、1932年に千葉県松戸市にオープンした個人薬局「松本薬舗」。1990年代に入ると、個性的なCMの効果もあり、知名度はぐんぐん上昇し、1999年には東証一部に上場。一方のココカラファインは、2008年にセガミメディクスとセイジョーが経営統合する形で誕生しています。

ホームページには、「アジアNo.1のドラッグストアとなり、美と健康の分野での

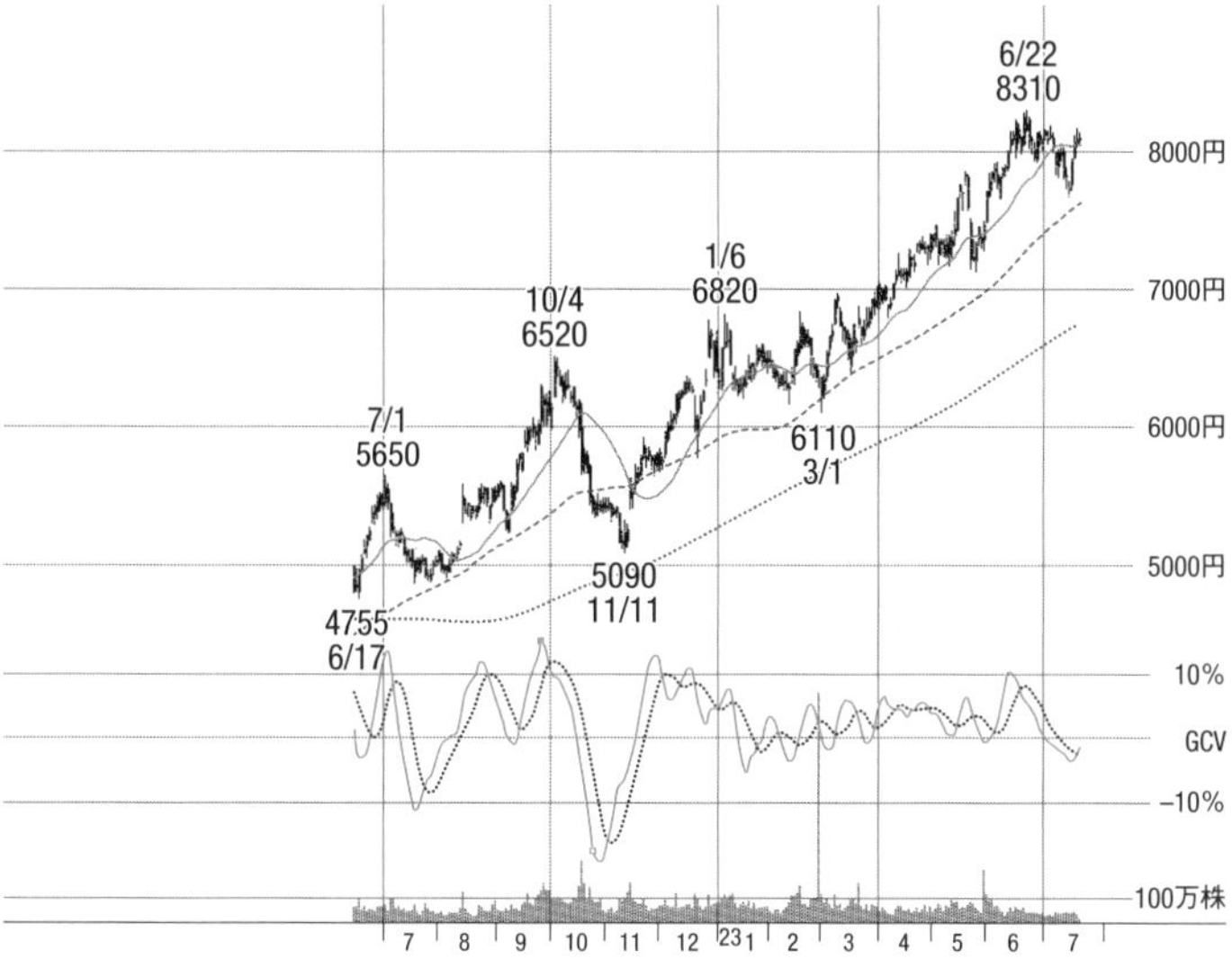

リーディングポジションを確立すべく『グループ売上高1・5兆円、営業利益率7・0％（2026年3月期）』を目指します」とあり、グローバル、とくにアジアに力を入れていることがうかがえます。業績も好調で、株価も右肩上がりとなっているため、できれば日清食品ホールディングスのように一時的に下がっているときに購入すれば、同じ資金でより多くの株を購入することができますが、長期的に考えれば、どこで買ってもいい銘柄といえそうです。

ブランド銘柄

3

三越伊勢丹ホールディングス

3099　東証プライム

「三越」「伊勢丹」「丸井今井」「岩田屋」を展開する国内最大手の百貨店グループ。ここ数年は業績も好調で、2024年3月期も増収増益予想。コロナ禍明けの国内需要の復調に加え、インバウンド需要の増加を受けて2024年3月期の営業利益予想を350億円から380億円に上方修正することを発表しています。

株価も右肩上がりとなっており、2023年7月頃から急騰。5月26日に1386円だった株価は、8月14日には1793円を記録し、高値圏で推移しています。

シャネルやルイ・ヴィトンの商品が高くても売れるのは、「ハイブランド」だからです。同様に、人々が百貨店で買い物をするのは、百貨店で買い物をすることがステータスとなっているからです。インバウンド需要が本格的に復活していくなかで、海外の人たちもまた「三越」や「伊勢丹」で買い物することに、いま以上に価値を見出

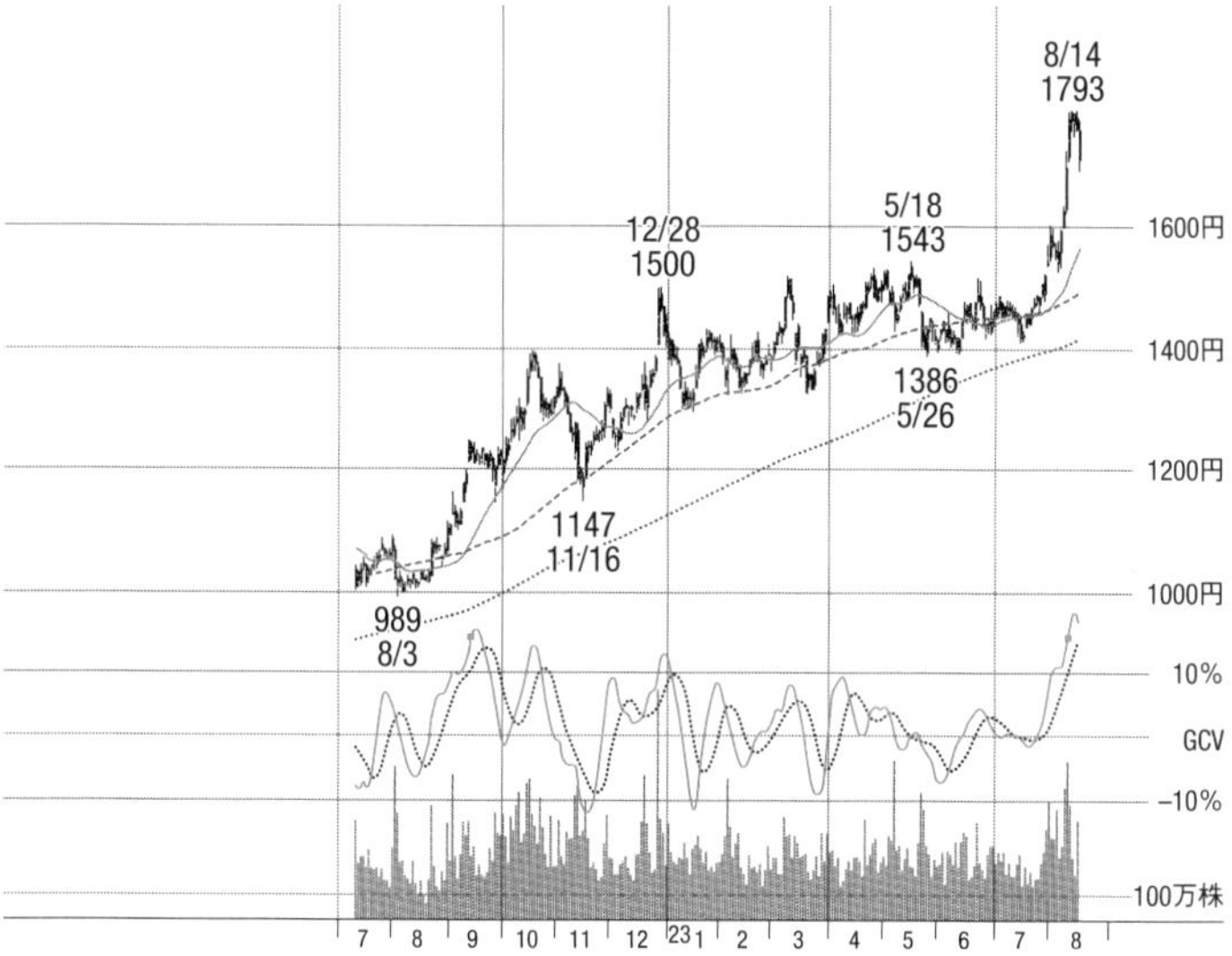

す可能性は十分にあります。

その可能性を後押しする要素のひとつが、「円安」です。もともと質に定評のある日本のサービス・商品に、さらに「安さ」が加わることで、外国人旅行客にとって「日本の魅力」はいや増しに増すでしょう。

インフレ傾向にあるいま、円安時代のインバウンド銘柄を中長期で保有するなら、2年、3年、あるいは5年、10年の間に、資産を大きく増やすことも夢ではありません。

ブランド銘柄 4

ロート製薬

4527 東証プライム

まずはチャートをご覧ください。日清食品ホールディングス、次のマッキヨココカラ&カンパニー、そしてこのロート製薬のチャートのうち、どれが一番いいチャートに見えますか？ あくまで現時点ですが、一番強いのは、ロート製薬です。

なぜでしょうか。右肩上がりで上がっているだけでなく、2023年5月15日のところで飛んで「窓」が開いています。相場の世界ではこれを「放れ」と呼び、「放れ」は中長期的に上昇するサインである、ということはすでに学んだ通りですね。下ではなく、上に放れているため、ものすごく強いと考えられます。

ただし、他のブランド銘柄と同じように、タイミングが悪いと、自分が買ったところが天井になり得ます。とはいえ、購入したあとに下がったとしても、すぐに損切り

する必要はありません。増収増益予想というだけでなく、将来性もあるからです。

私が着目したのは、ホームページに「間葉系幹細胞のみならず、iPS細胞やヒトES細胞、体性幹細胞などを用いた基礎研究に取り組み、次世代再生医療の開発を目指します」とある点です。ロート製薬といえば、40％以上の国内シェアを誇る目薬を思い浮かべる方も多いと思いますが、世界の医療業界が注目している「再生医療」の分野も手がけている点は知っておいて損はなさそうです。

ブランド銘柄 5

三菱重工業

7011　東証プライム

1884年に岩崎彌太郎がスタートさせた「造船事業」を祖業とする三菱重工業。現在は造船に加え、航空・宇宙・防衛関連事業も手がけています。

なかでも私が注目しているのが、「防衛分野」です。ロシアのウクライナ侵攻以降、世界は再び緊迫ムードとなり、日本も防衛費を大幅増額。たとえ早期に停戦となった場合でも、緊張状態はしばらく続く可能性が高く、三菱重工業の受注額も拡大していくことでしょう。ちなみに、軍事費ランキング上位はアメリカ、中国、ロシアが占めており、韓国と日本は10位あたりに位置しています。

株価はすでに上がっています。2021年は3000円を割っていましたが、2023年6月22日には年初来高値の6991円を記録。1年半で2倍以上上昇したこと

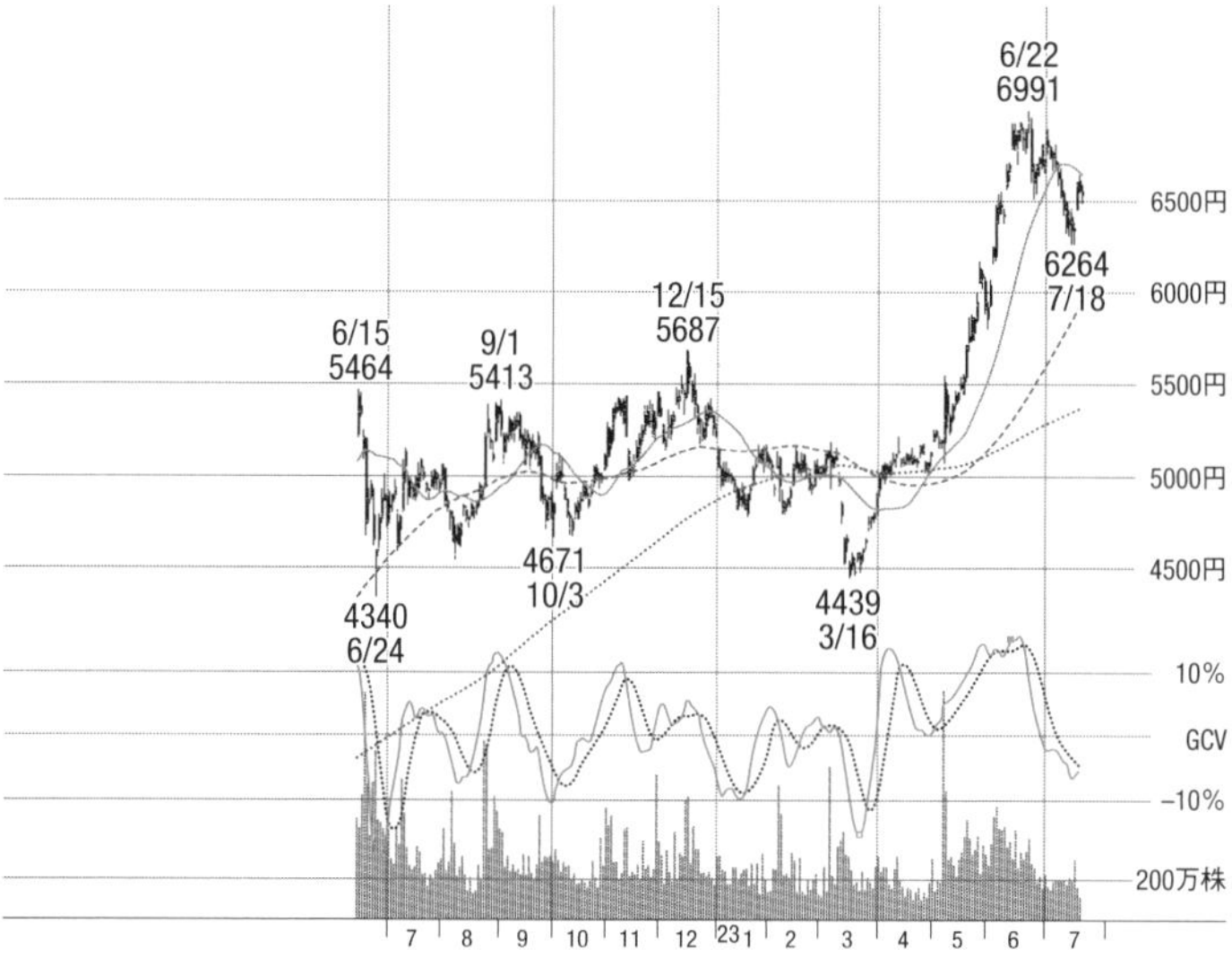

になります。その後、少し下落はしていますが、高値圏でもみ合っています。

同じく防衛関連でいえば、川崎重工業（７０１２）、日立製作所（６５０１）の株価も上昇しています。川崎重工業の２０２３年の年初来安値は3月16日の２６７１円。その後は順調に上昇し、７月６日には年初来高値の３８６８円を記録。１０００円以上の値上がりとなっています。日立製作所は２０２０年に３０００円を下回りましたが、２０２３年7月3日に９０６5円の高値を記録。3年半くらいの間に3倍となっています。

ブランド銘柄

6 トヨタ自動車

7203　東証プライム

当初、ブランド銘柄のリストに自動車メーカーは入れていませんでしたが、原稿の最終段階になって本項の「トヨタ自動車」と、次項の「本田技研工業」（7267）を追加しました。トヨタ自動車に関しては説明不要ですね。トラック大手の日野自動車、軽自動車大手のダイハツ工業等を傘下に収める日本を代表する企業であり、世界トップの自動車メーカーです。2022年の新車販売台数は1000万台を超えており、第2位のフォルクスワーゲン（約826万台）を大きく引き離しています。

ただ、世界的な潮流であるEVの販売台数世界1位はテスラ。トップ10のうち、日本勢は日産・三菱・ルノー連合のみで、トヨタとホンダは20位台と出遅れています。

それは時価総額にも表れており、トヨタが41兆円（日本1位）であるのに対して、テ

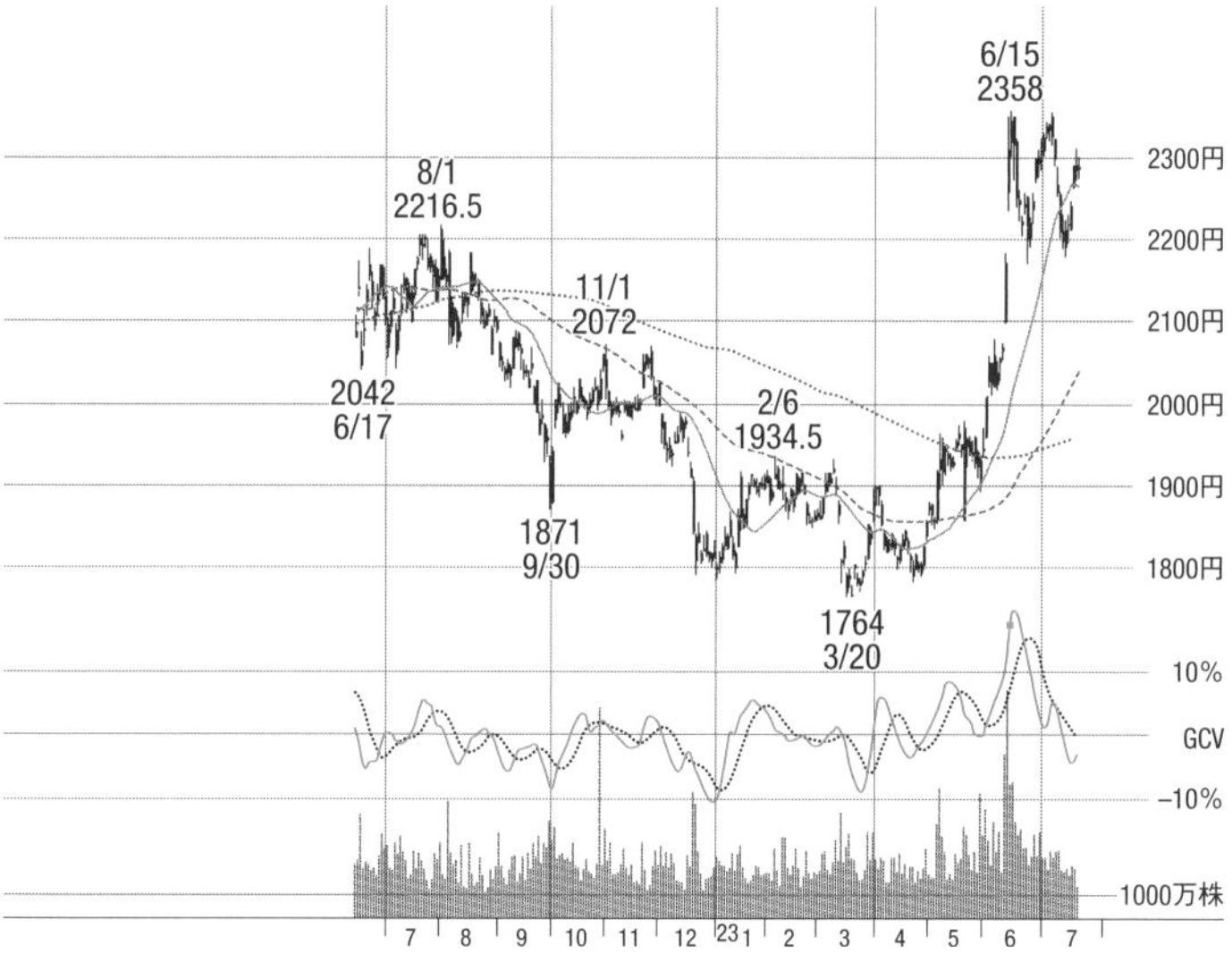

スラの時価総額はトヨタの3倍の120兆円程度。とはいえ、日本企業のなかではダントツの時価総額を誇り、水素・燃料電池等にも力を入れています。**一時はEV一辺倒だったEUが、2035年以降もエンジン車の販売を認める決定をしたのは、トヨタにとっては朗報といえるでしょう。**今後も、業界内におけるプレゼンスを維持していく可能性は高く、「持っているだけ」でいいブランド銘柄であることは間違いありません。

株価も、コロナショックの安値と比べると、現在は2400円台となっており、2倍近く上昇。経常利益も増収増益予想ですので、大きく損をするリスクはほとんどなさそうです。

ブランド銘柄 7

本田技研工業

7267 東証プライム

本田技研工業（ホンダ）をリストに入れた理由は、「トヨタ自動車」（7203）とはまた違います。ホンダは世界1位の二輪車メーカー、日本を代表する自動車メーカーであるだけでなく、「小型ジェット機」を手がけている点を考慮しています。

「三菱重工業」（7011）の国産ジェット旅客機の計画は残念ながら頓挫してしまいましたが、ホンダが手がける「ホンダジェット」は、あのセスナを抑え、小型ジェット機分野で5年連続納入数トップを記録。2023年に入ってからも、アメリカの工場への80億円近い投資が発表されるなど、技術革新、生産体制強化に余念がありません。

ホンダがどこまで視野に入れているかわかりませんが、航空機は「宇宙」「防衛」

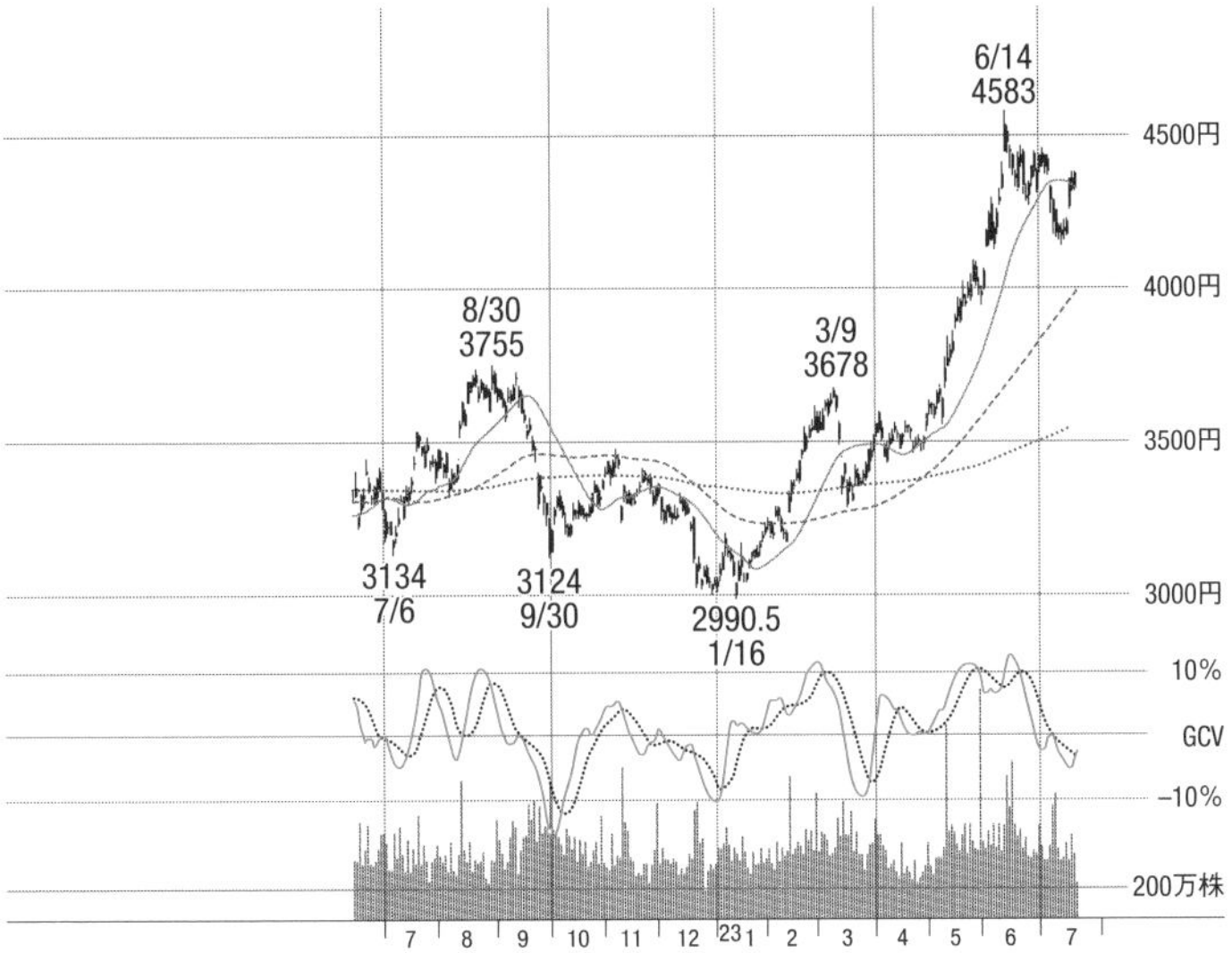

分野ともつながりが深く、今後、さまざまな需要が生まれる可能性は高いと私は考えています。時価総額はトヨタほどではなくとも8兆円超と大きく、2024年3月期の経常利益も増収増益予想となっていることを考えれば、今後、屋台骨が揺らぐ心配はほぼないでしょう。また、売上の海外比率は9割程度であり、昨今の円安も「追い風」となっています。

株価も上がってきています。2023年1月16日に年初来安値の2990・5円を記録したあとは上昇を続け、6月14日には年初来高値の4583円をつけました。

ブランド銘柄 8

タカラトミー

7867　東証プライム

２００６年、タカラとトミーが合併することで誕生した玩具大手。「プラスチック・汽車レールセット」（１９５９年）、「リカちゃん」（１９６７年）、「人生ゲーム」（１９６８年）、「トミカ」（１９７０年）、「黒ひげ危機一発」（１９７５年）、「チョロQ」（１９８０年）、「ベイブレード」（１９９９年）、「シンカリオン」（２０１５年）――。サイトにある「社史・商品史」には、誰もが知っているおもちゃが数多く記載されています。株価も、好調な業績を反映するかのように、２０２２年11月15日に１１６８円をつけたあと、右肩上がりで上昇。２０２３年8月には上窓をあけて急騰し、8月15日には２３３６円を記録。その後も高値圏で推移しています。

人気アニメ・ゲームの「ポケットモンスター」関連商品を出していることも注目す

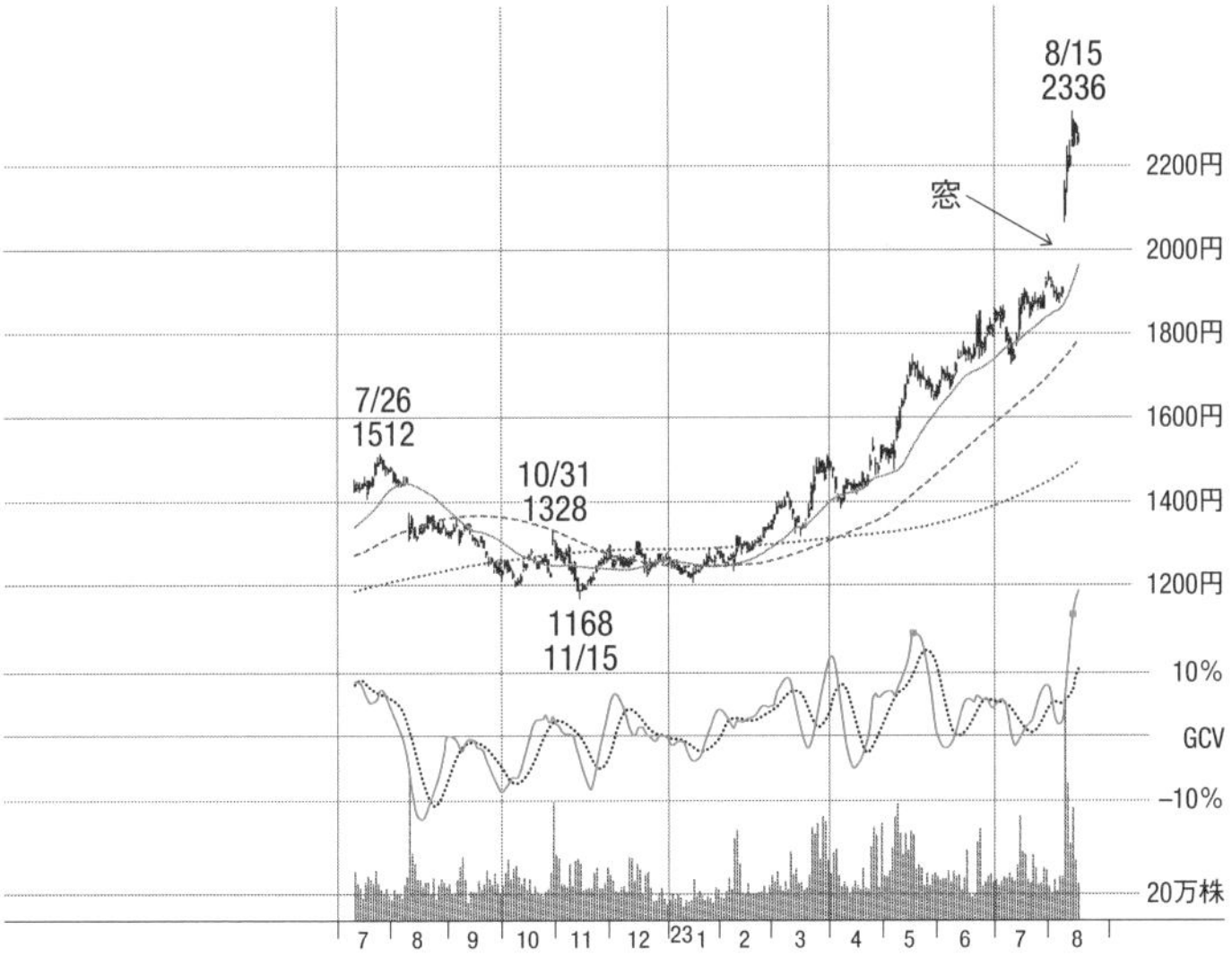

べきポイントのひとつです。ポケモンは日本のみならず、世界中にファンを抱える一大コンテンツであり、訪日観光客が急増している昨今、玩具店でも売れているのではないでしょうか。**つまり、この銘柄も「三越伊勢丹ホールディングス」（3099）と同じく、インバウンド関連の本命株のひとつなのです。**

中長期的に保有するような銘柄を購入するベストなタイミングは「押し目」（上昇トレンドの銘柄が一時的に下落するタイミング）です。いま現在は高値圏で推移していますので、値動きをチェックしながら、納得のいく価格で購入してみてはいかがでしょうか。

ブランド銘柄 9

サンリオ

8136　東証プライム

世界的なキャラクターである「ハローキティ」を擁するサンリオは、物販、ライセンスビジネス、テーマパーク等を手がけている会社です。1960年に前身である「山梨シルクセンター」を設立。1973年に現社名に改称しています。

みなさんは、「ハローキティ」が何年に誕生したかご存じでしょうか。公式サイトによると、「パティ&ジミー」とともに、1974年に誕生したそうです。

ということは、2024年は50周年のメモリアルイヤーですから、大きな催しが行なわれるかもしれません。

サンリオは業界を代表する企業で、増収増益予想。2023年8月14日には8290円をつけて新高値を更新。今後の業績の動向次第ではありますが、さらに上昇する

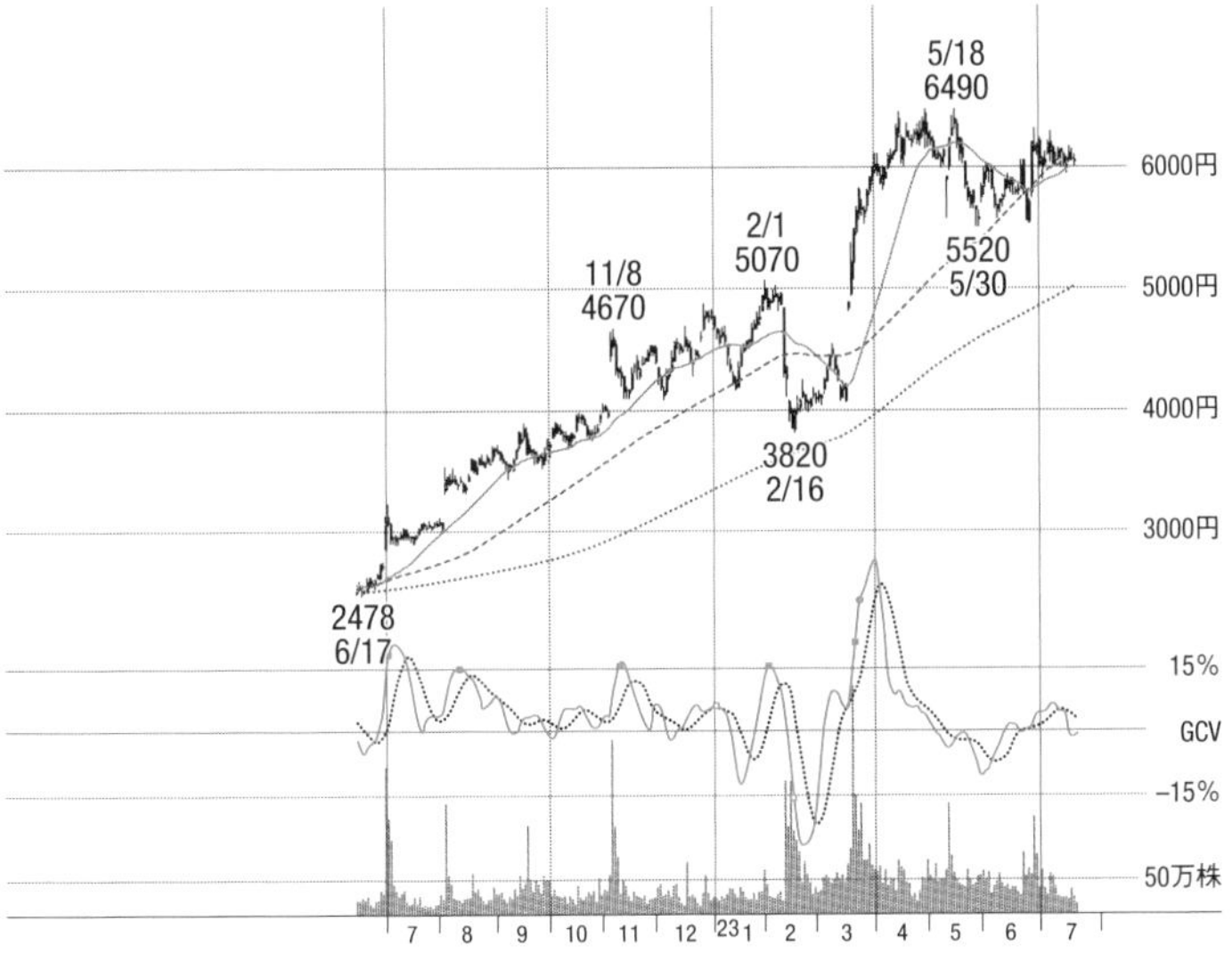

可能性が高まっています。

私はプロの投資家ですから、少しもお金を休ませたくありません。お金に働いてもらうために、すぐに上がる株に投資したいのです。その意味で、高値をつけて下がっていない銘柄はとても魅力的です。

高値をつけた後、一度下がれば再度上昇するまでに少し時間がかかるかもしれませんが、サンリオは世界を魅了するキャラクターを多数抱える優良企業ですので、タイミング次第では購入して損はないでしょう。

ブランド銘柄 10

AZ-COM丸和ホールディングス

9090　東証プライム

誰もが知っている銘柄を紹介している講義3の中で、唯一、知名度が低く、知る人ぞ知る企業。「AZ-COM丸和ホールディングス」という名前は聞いたことはなくても、「桃太郎便」をご存じの方はいるのではないでしょうか。ピンとこない方も、EC大手アマゾンの物流の一翼を担っていることを知れば、講義3で紹介している理由をご理解いただけるでしょう。

コロナ禍によって、アマゾンをはじめとするECの需要が急拡大したことは周知の事実ですが、その裏で運輸事業の取扱量もまた急拡大していました。実際、AZ-COM丸和ホールディングスの売上高は、1121億円（2021年3月期）、1330億円（2022年3月期）、1778億円（2023年3月期）と、年を経るご

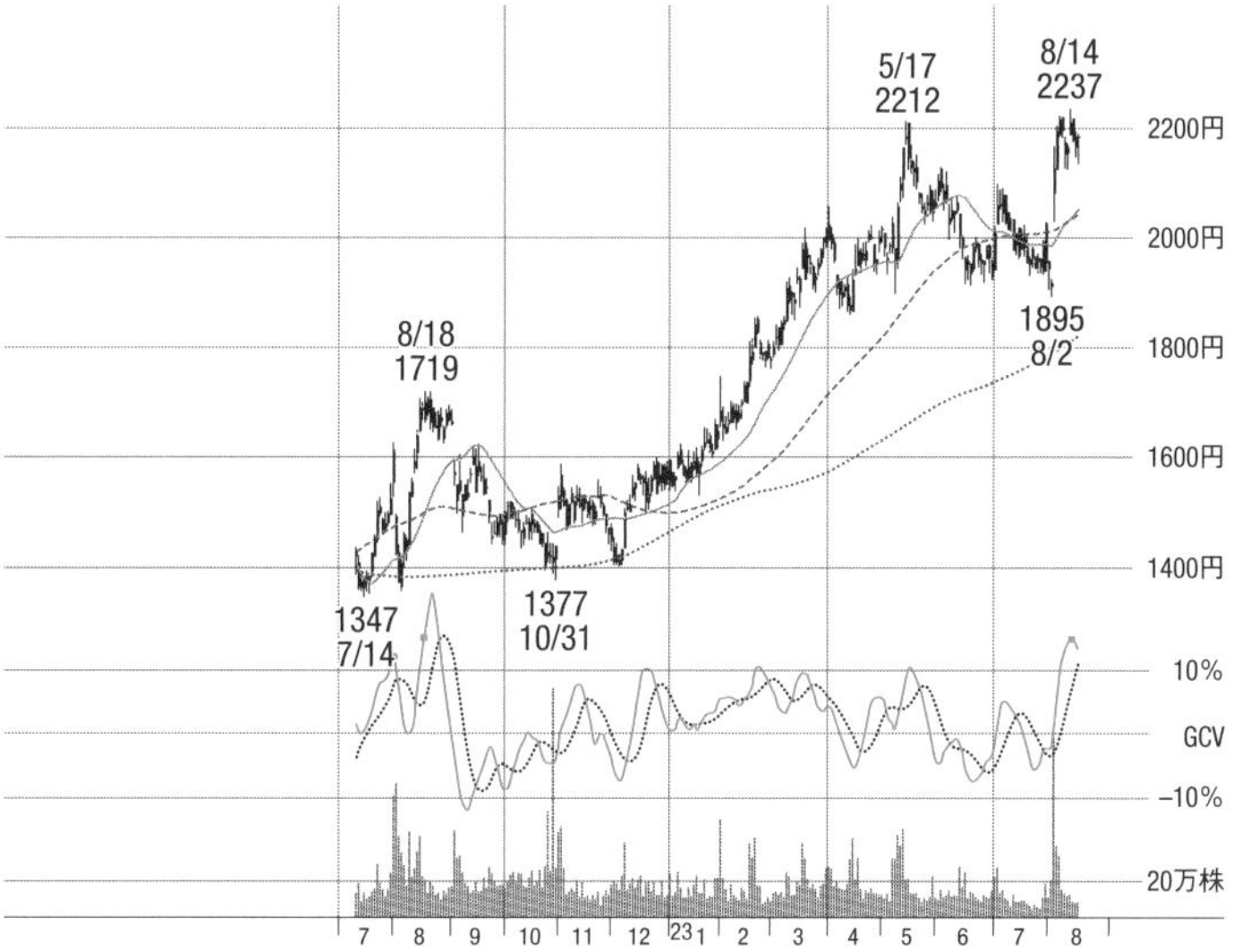

とに順調に推移しています。

もうひとつ私が注目している理由は、創業者の和佐見勝氏が、現在もCEOを務めている点です。その理由は簡単で、**「創業者」と「雇われ社長」とを比べると、前者のエネルギーのほうが圧倒的に大きい場合がほとんど**だからです。実際、私は和佐見氏にお会いしたことがありますが、極めて優秀な経営者であることを悟ると同時に、人間的な魅力を感じた次第です。

さらに付け加えるなら、社員持株会の存在も成長の原動力となっていると、私は考えています。AZ-COM丸和ホールディングスが成長すればするほど、社員も一緒にお金持ちになれるわけですから、社員の士気も高いに違いありません。

株価は現在高値圏にあります。8月に上に窓を開けて上昇してから大きく下げていないのは、強い証拠です。

4 講義

好業績・高配当銘柄で「目指せ毎月10万円！」

業績もよく、配当利回り（株主からの分配）もよい銘柄10選。短期間に大きく値上がりする可能性はそこまで高くはありませんが、キャピタルゲインだけでなく、インカムゲインも狙えます。うまく組み合わせれば、年間100万円近い配当も夢ではありません。

1 INPEX

1605 東証プライム 配当利回り3・61%

石油や天然ガスの生産分野の国内大手。ただ、一般的にはあまり知られていないかもしれません。カザフスタン北カスピ海沖合やアゼルバイジャン南カスピ海沖合等での油田開発・生産、新潟の南長岡、千葉の成東での国内天然ガス事業だけでなく、オランダでの洋上風力発電事業、インドネシアでの地熱発電事業、オーストラリアでのLNGプロジェクトなど、さまざまな事業を展開しています。

注目すべきは、大株主リストに「経済産業大臣」とある点です。国が資金を入れているため、潰れる心配はほぼないといっていいでしょう。資産インフレ相場に拍車がかかれば、資源関連株も上がってくる可能性が高く、その場合、配当にプラスしてキャピタルゲインまで手にすることができます。

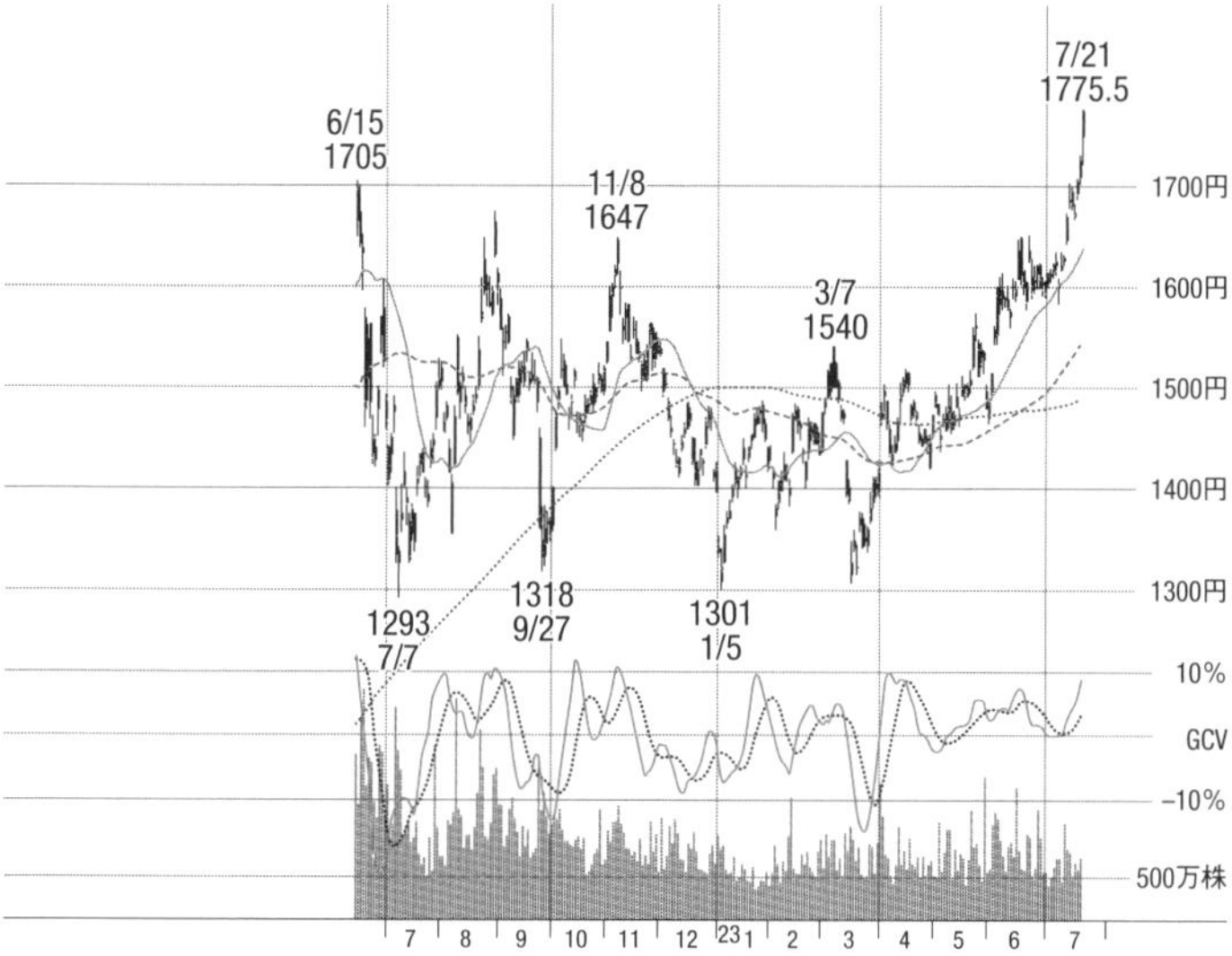

株価については、直近底値圏から急上昇。新高値を更新しています。**長らく底値圏で推移している株がひとたび上昇し始めると、当分上昇トレンドが続くというのが株価の習性です。**大きく下がる心配もありません。もちろん、リスクはゼロではありませんが、銀行に預金しているくらいなら、こういった株に投資したほうが「お金に困らない人生」を手に入れられる確率がぐんと上がるでしょう。配当の推移は次のとおりです。２０２１年12月期：年間48円。２０２２年12月期：年間62円。２０２３年12月期：年間74円（予定）。

2 東洋精糖

2107 東証スタンダード 配当利回り5・72%

1949年設立の製糖会社。丸紅が約40%の大株主となっています。ホームページの代表挨拶には、「砂糖事業につきましては、嗜好の多様化などにより国内の砂糖消費量の減少傾向が続いており、難しい市場環境に有ります」とある一方、ニューヨークの粗糖相場は、生産地の天候不順等の影響で供給不足となり、2023年3月31日には「終値ベースで2016年11月上旬以来およそ6年5カ月ぶりの高値をつけた」と報じられています（『日本経済新聞』2023年4月3日電子版）。

砂糖に関しては、供給不足が主因のようですが、インフレ下においては、あらゆるものが値上がりします。なかでも食品業界では、度重なる「値上げ」が実施されていることもあり、上手に価格転嫁できれば、業績改善につなげることも可能です。

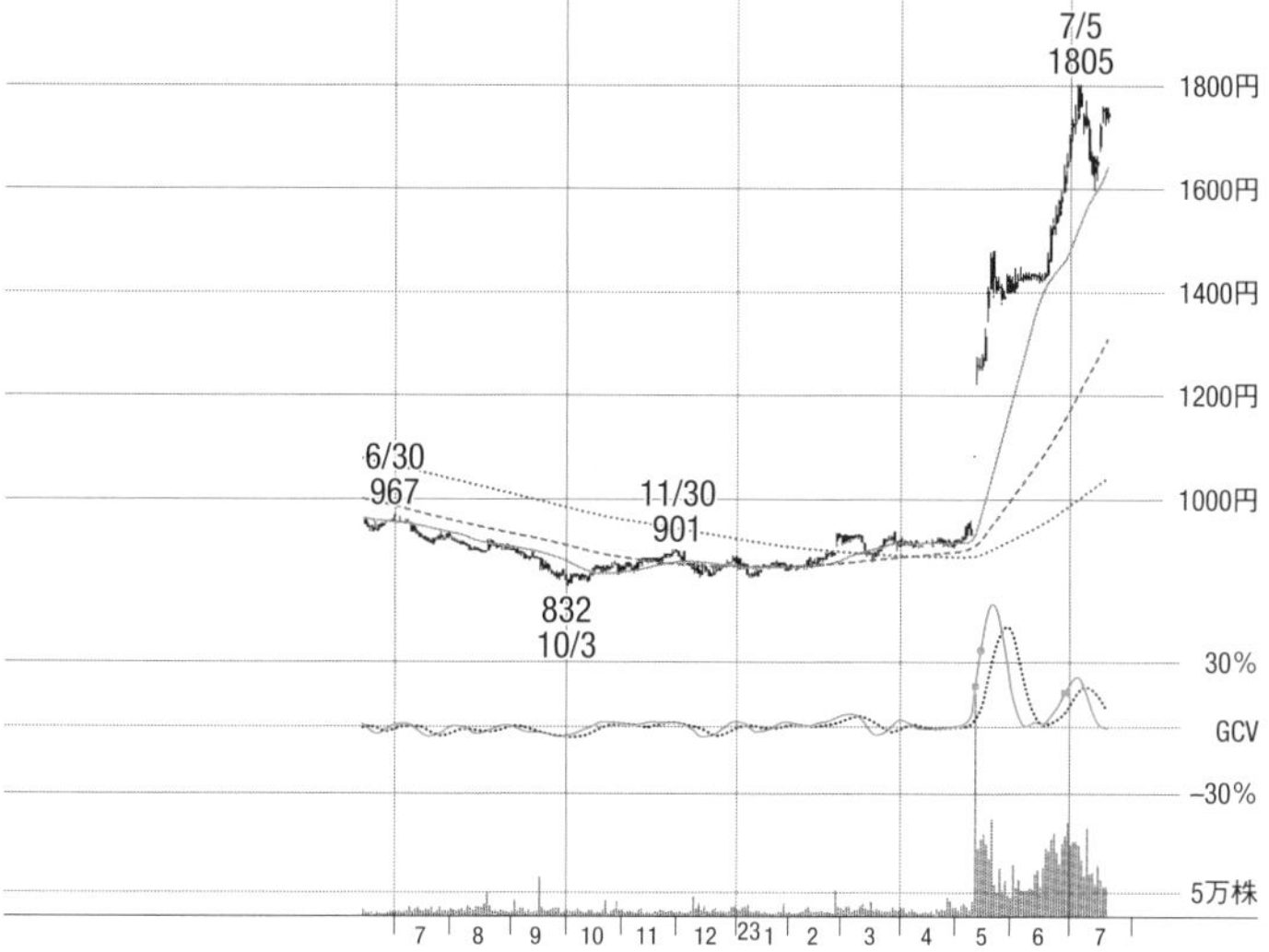

国際的な粗糖相場の動きを受けてか、2023年5月には「上窓」を開けて大きく上昇。波動の法則では、上窓は「買いのサイン」でしたね。安値である832円と比較すると、実に1000円近く上昇したことになります。

また、利回りの高さも見逃せません。株価が上昇したため、利回りの数値も下がってはいますが、それでも5%を超える利回りとなっています。

ローリスクで、銀行預金とは比べ物にならないリターンがあることを考えれば、保有を検討する価値は十二分にあるといっていいでしょう。

3 双日

2768 東証プライム 配当利回り3・98％

日本の7大商社の一角を占める「双日」。明治期創業の鈴木商店、岩井商店、日本綿花をルーツに持つ企業で、2000年代に入ってからニチメンと日商岩井が合併する形で誕生。鈴木商店自体は第一次世界大戦の反動不況の影響もあり、1927年に破綻。ただ、鈴木商店と縁の深い企業は現在も相当数存在しています。鈴木商店記念館のサイトでは、帝人、富士フイルム、J-オイルミルズ、神戸製鋼所、IHI、商船三井、サッポロビールなどが紹介されています。

7大商社の中では比較的時価総額も小さく（7300億円程度）、穴株といえそうです。2023年3月、東京証券取引所がPBR1倍割れ企業（200ページ参照）に対して改善を要請したことが報道されましたが、双日は執筆現在PBR0・8倍と

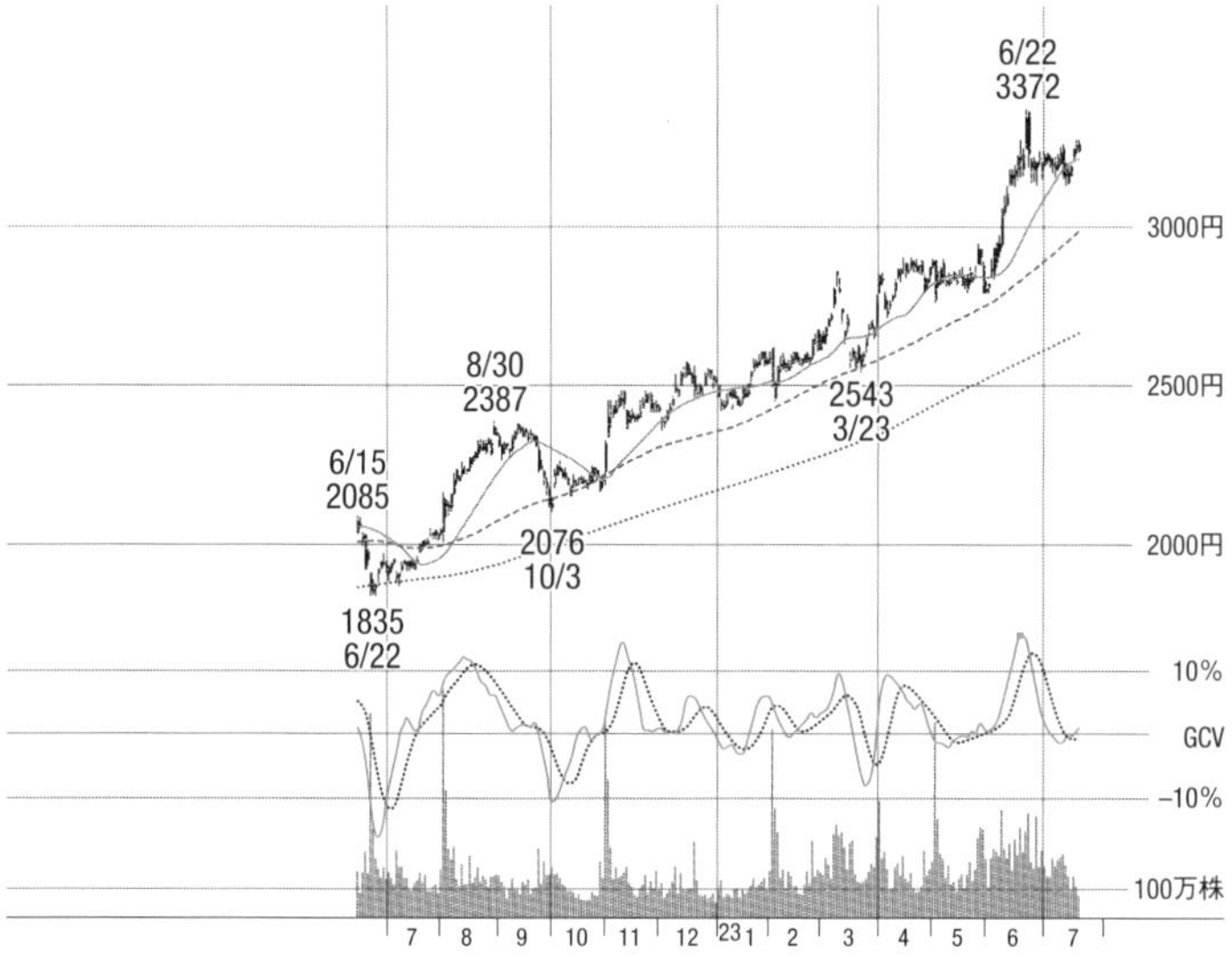

なっています。「中期経営計画2023」には1倍超を目指すことが掲げられていますが、現状は「割安」と考えられます。ちなみに、同じ商社の「伊藤忠」のPBRは1・56倍です。

株価は6月22日に年初来高値の3372円をつけて以降、高値圏で推移。大きく上げたあとに下げ渋る株が上がるのは波動の定石。3分の1押し程度の下落であれば、次に上がってくる可能性が高いと学びましたね。私の感覚的には7割の確率で上がってくるイメージです。配当の推移は次の通り。2022年3月期：年間106円。2023年3月期：年間130円。2024年3月期：年間130円（予定）。

4

出光興産

5019　東証プライム　配当利回り4・07％

出光佐三が北九州の門司で「出光商会」を創業したのが、1911年。戦前から国内外に拠点を設けて事業展開するも、1945年にほぼすべての事業と資産を失い、借金だけが残ったといわれています。それでもリストラを行なわずに再拡大を図り、2019年には昭和シェル石油と経営統合も実施。いまでは時価総額9000億円超の日本を代表する企業となっています。

株価という点では、エネルギー関連全般が低調なこともあり、出光興産の株も下がっています。2022年8月30日に3805円をつけて以来、一本調子で下がっています。私個人はこういう株は積極的には買いません。減収減益予想ということもあり、さらに下がる可能性があるからです。下がらなくても再度上昇するまでに時間が

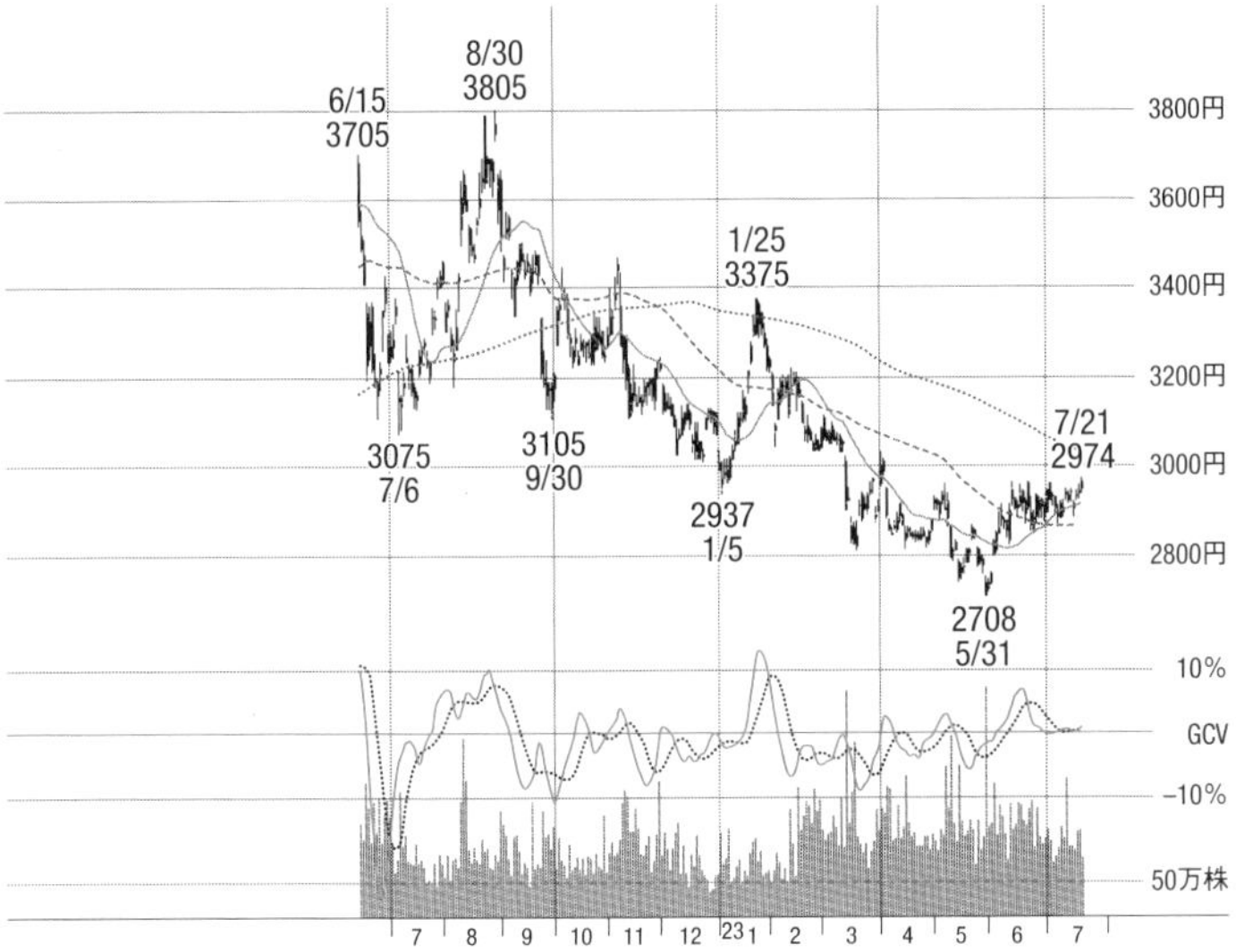

かかる可能性があるため、すぐにでもお金を働かせたい人にとっては不向きです。

とはいえ、利回りは高く、潰れる心配をしなくてもいい銘柄ですので、長期保有を目指すのであれば、底値で買っておくのもよいでしょう。

配当の推移は次の通り。2022年3月期：年間170円。2023年3月期：年間120円。2024年3月期：年間120円（予定）。

ちなみに、石油元売り業界の売上高ランキングでは、1位がENEOSホールディングス、2位が出光興産、3位がコスモエネルギーホールディングスとなっています。

5 日本製鉄

5401 東証プライム 配当利回り4・55%

厚板、薄板、棒鋼・線材、建材、鋼管、チタン、ステンレス――。日本製鉄の製品がどんなもので、どんな用途に使用されているかは知らなくても、会社名を知らない人はほとんどいないでしょう。ちなみに、日本製鉄が生産している鋼材は、自動車、橋や鉄道などのインフラ、天然ガス等の採掘・精製の現場やパイプライン、家電製品など、幅広い分野で活用されています。

日本製鉄のルーツは、新日本製鐵と住友金属工業にあり、2012年に両社が経営統合して「新日鐵住金」となったあと、2019年に現在の商号に変更。「日本製鉄ファクトブック」によると、粗鋼生産量は世界4位。ちなみに、1位は中国企業であり、川崎製鉄と日本鋼管の経営統合によって誕生したJFEスチールは13位です。

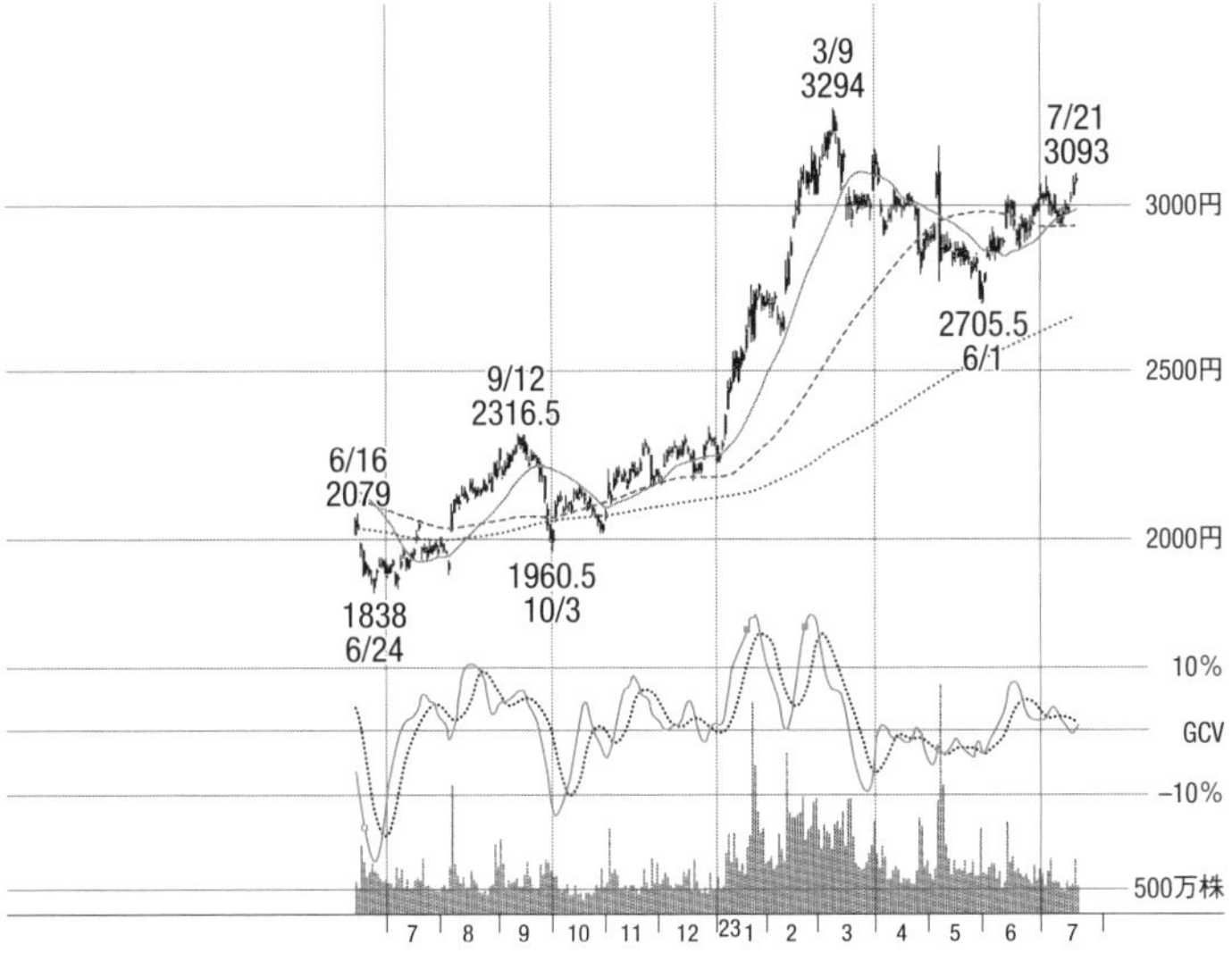

株価は右肩上がりで推移していましたが、現在調整局面に入っています。この株をリストに入れたのは、ブランド企業であるだけでなく、配当利回りが4%以上と高いために他なりません。

ただし、ホームページの社長メッセージに「世界の粗鋼生産量の5割強を占める中国での需要の頭打ち等により、海外市場における競争が一層激化」する懸念が示されているように、競争力の強化は必須のようです。

6 神戸製鋼所

5406　東証プライム　配当利回り4・97％

本書で度々指摘しているように、「海運」「鉄鋼」「商社」は第一次世界大戦時にも株価が上昇したテーマであり、ロシアのウクライナ侵攻後も同じような状況となっています。本項の「神戸製鋼所」も例外ではありません。具体的には、2022年5月頃に高値をつけたあとに下落。**2023年2月に上に「窓」を開けて急上昇し、7月27日は年初来高値の1519円を記録。経常利益も爆発的に伸びてきているため、今後、さらに上昇する可能性が高い銘柄です。**

日本の鉄鋼業界の売上高ランキングの1位は、本書で紹介している「日本製鉄」（5401）。2位は「JFEホールディングス」（5411）、3位が「神戸製鋼所」。

本書では紹介していない「JFEホールディングス」も、2022年3月頃に一度高

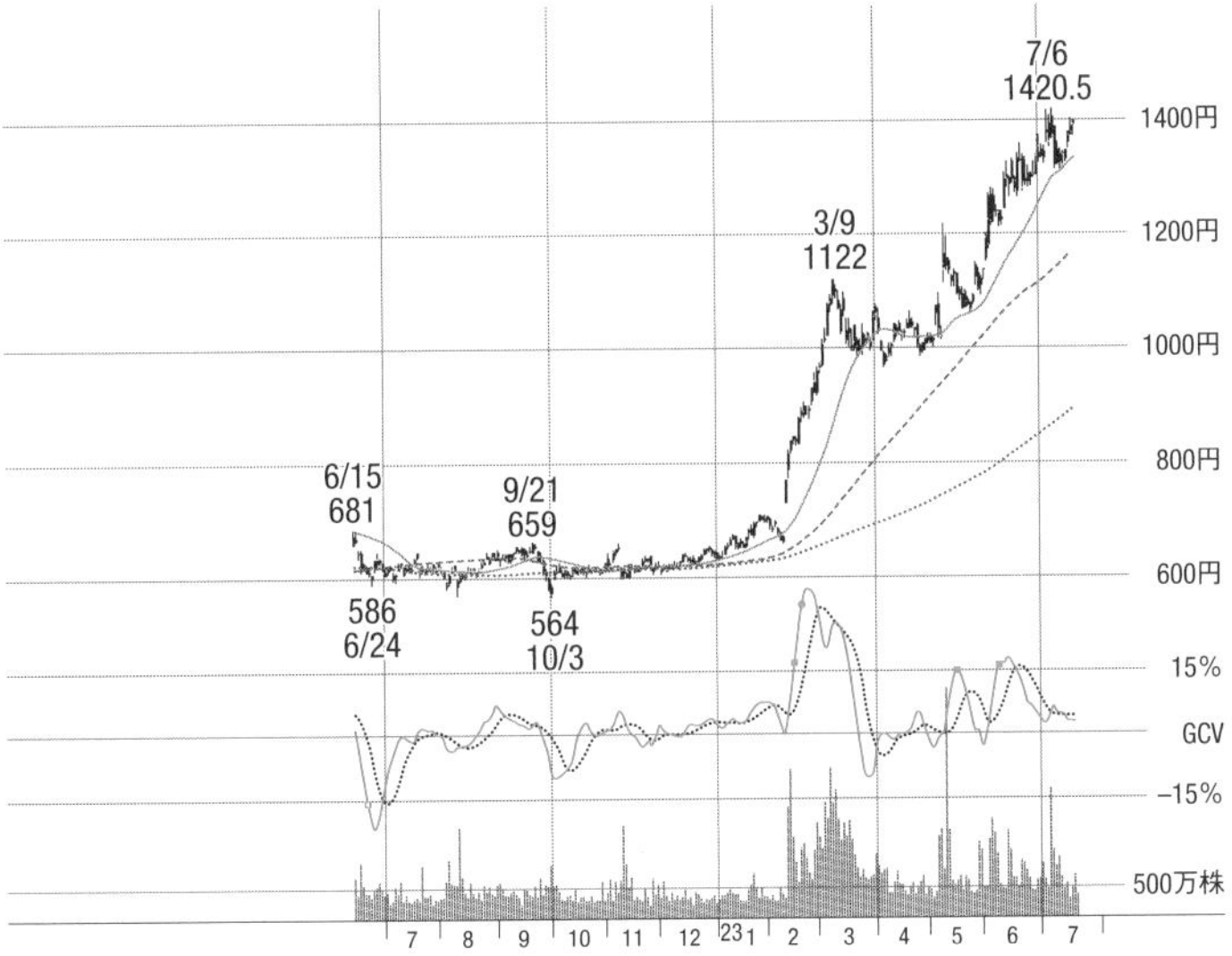

値をつけたあとに下落し、2023年5月以降急激に上昇して、現在高値圏で推移しています。配当利回りでは、4%台の日本製鉄、JFEと比べても、神戸製鋼所4・9%程度と、高い数値となっています。

神戸製鋼所のルーツは、本書で紹介している「双日」(2768)と同じ鈴木商店であり、ホームページによると、自動車分野では「高張力鋼板」「自動車サスペンション用アルミ鍛造部品」「鉄粉」の国内トップシェア、「ゴム混練機」の世界シェア40%、航空機分野の「等方圧加圧装置」の世界シェア70%。造船分野では「クランクシャフト」の世界シェア40%等々、書ききれないくらいの主力製品が紹介されています。

7 みずほフィナンシャルグループ

8411　東証プライム　配当利回り4・23％

私はこれまでの著書や講演で、「銀行預金するなら、みずほ銀行の株を買え！」という趣旨の発言を何度もしてきました。預金金利よりも配当利回りがはるかに高かったからです。それに加えてインフレの時代には銀行の株価も上がります。

なぜなら、デフレの時代においては、銀行株は業績も株価も底を這っていましたが、インフレに合わせて金利も上がるとなると、銀行の収益は改善するからです。

株価は一番天井をつけたあと下落して、現在、二番天井を取りにいく動きをしています。2023年3月の急落については、アメリカのシリコンバレー銀行の破綻、クレディ・スイスのAT1債の問題が影響しているのでしょう。ただし、日本の銀行への影響は限定的といっていいでしょう。では、なぜ下がったかといえば、短期的な相

場は経済の実態やファンダメンタルズで動くのではなく、人々の心理で動くからです。この場合は、実際の日本への影響以上に、「なんとなく不安」な心理状態で動いた人が多くいたわけです。江戸時代の相場師が「相場は人間心理の売り買いである」と述べているのはそのためです。プロは「マジョリティが売ってくるから、下落するだろう」と考えて早めに売却します。すると、株価もどんどん下がるわけです。私は空売り（株を所有せずに信用取引で売ること）はしませんが、空売りしてひと儲けしようとする投資家も出てきます。配当の推移は２０２２年３月期：年間80円。２０２３年３月期：年間85円。２０２４年３月期：年間95円（予定）。

8 日本郵船

9101　東証プライム　配当利回り3・50%

私自身も2023年の年初から買い始めた銘柄で、海運のトップ企業。1885年に郵便汽船三菱会社と共同運輸会社の合併により設立され、戦前からロンドン、ニューヨークに支店を開設、世界を股にかけて活動していましたが、大戦で多くの船を喪失。それでも戦後、世界初の大型LPG専用船などをつくり、日本の高度成長を支えてきました。

株価は現在、調整局面にあります。これまで何度も高値をつけていますが、注目すべきは高値が徐々に下がってきている点です。これは「屋根が下がる」と呼ばれる状況で、調整局面にある典型例のようなチャートです。屋根が下がっている理由はいくつかありますが、前期と今期の業績が絶好調だったこともあり、来期、減収減益予想

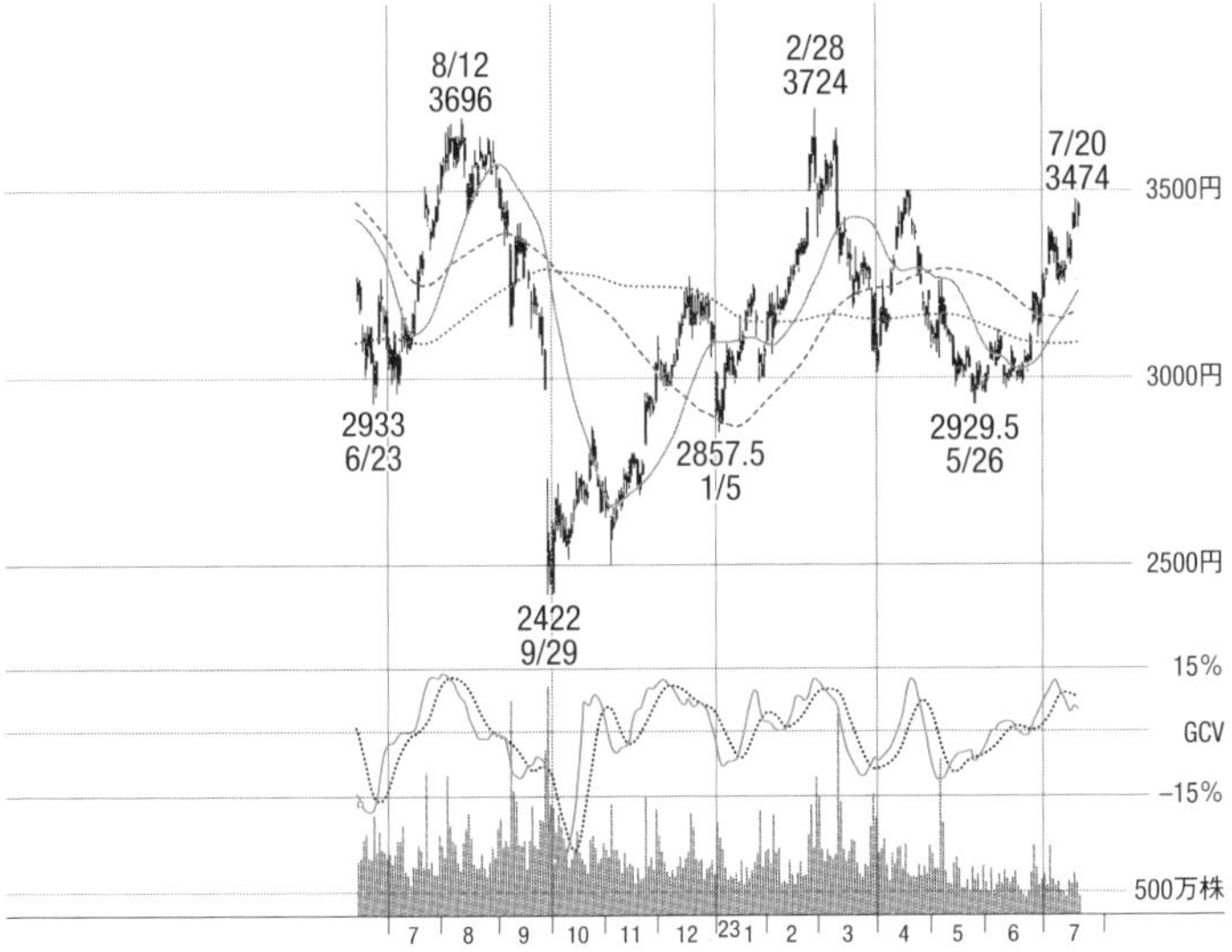

となっていることが影響しているのでしょう。

２０２２年、ロシアのウクライナ侵攻開始により運賃等が急上昇した一方、現在はすでに織り込み済み（プラスやマイナス要因になりうる材料が、すでに株価に反映された状態）となり、株価も落ち着き始めています。

ただ、とんでもない額の配当がもらえます。配当の推移を見ると、２０１９年度は通年で１株13円、２０２０年度は1株67円、２０２１年度は１株４８３円、直近の２０２２年度は１株５２０円と右肩上がりで増えています。ちなみに、２０２４年度は通年で１２０円の予定となっています。

9 商船三井

9104 東証プライム 配当利回り4・84%

「日本郵船」に続き、本項の「商船三井」と次項の「川崎汽船」も、配当利回りが高い海運銘柄です。時価総額順に並べると、「日本郵船」「商船三井」「川崎汽船」。

商船三井において特筆すべきは、脱炭素技術への投資を目的とした新会社の立ち上げや、コーポレートベンチャーキャピタルである「MOL PLUS」の設立等、積極的な投資を行なっている点です。また、「デジタルトランスフォーメーション銘柄（DX銘柄）2022」に選ばれている点なども注目に値するでしょう。

配当の推移は次のようになっています。2022年3月期：年間400円。2023年3月期：年間560円。2024年3月期：年間180円（予定）。

2024年3月期の1株あたり180円というのは、2023年3月期の560円

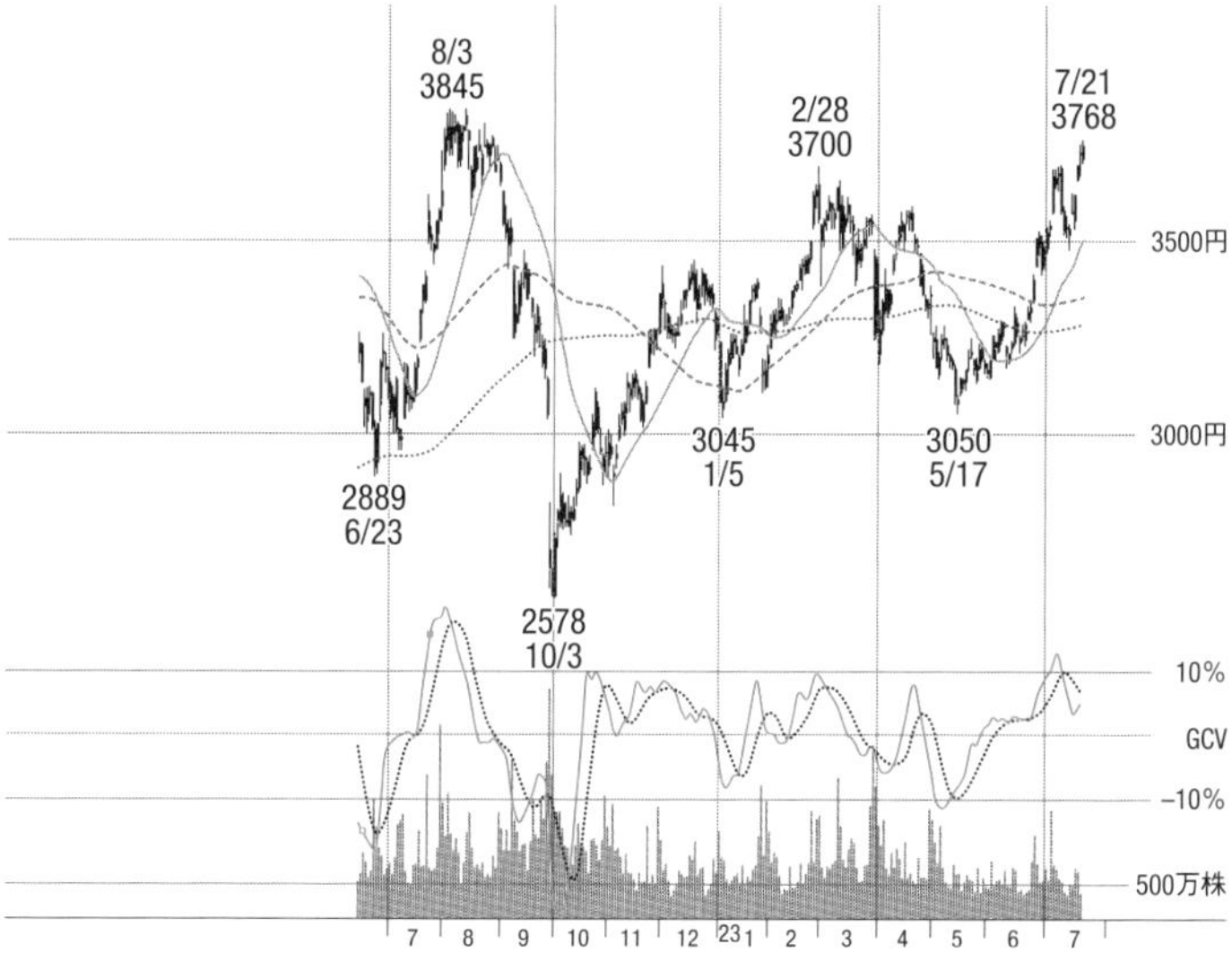

に比べると見劣りしますが、**1株あたり10〜15円程度の企業が多いことを考えると、桁がひとつ違います。** 1株3500円で計算すると、たとえば1000株の購入に必要な資金は350万円。1株あたりの配当が年間180円とすると、配当だけで18万円もらえることになります。

現在、海運大手3社の株価は調整局面に入っていますが、高配当という魅力は捨てがたく、長期保有するのに適した銘柄といえるでしょう。

好業績・高配当銘柄

10 川崎汽船

9107　東証プライム　配当利回り4・75%

海運大手3社、すなわち「日本郵船」「商船三井」「川崎汽船」のなかで、「配当」という観点で一番強い銘柄がこの川崎汽船です。配当の推移は次の通りです。2022年3月期：年間200円。2023年3月期：年間400円。2024年3月期：年間200円（予定）。

商船三井と同じように、1株3500円で計算すると、1000株購入したら350万円。1株あたりの配当が年間200円とすると、配当だけで20万円もらえることになります。もし、川崎汽船のような銘柄を4000株保有していたら、合計80万円。単純計算すると、月に約7万円ずつ配当がもらえることになります。

おそらく3000円近辺で買いたい人が多く、株価はなかなか下がりません。ウク

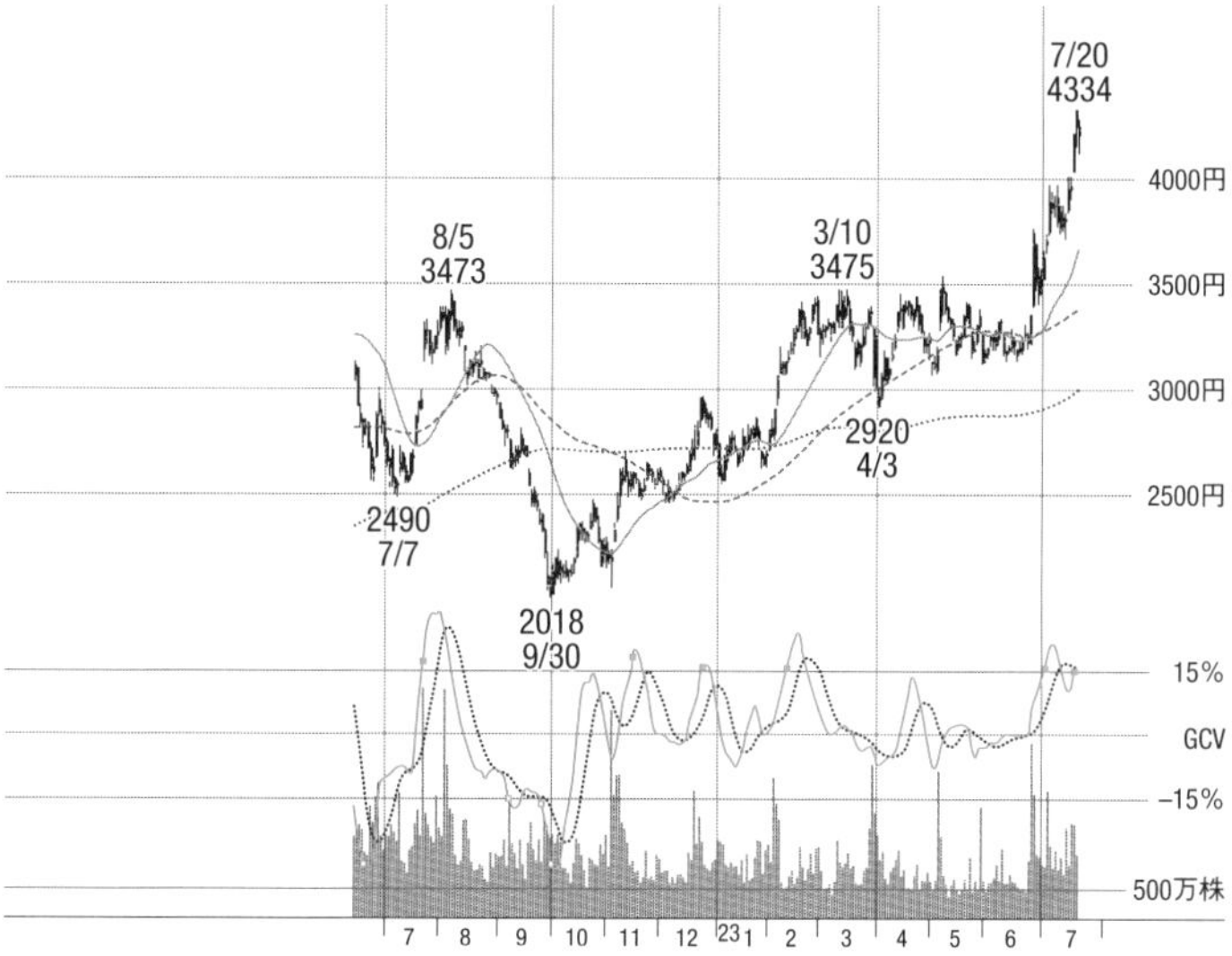

ライナの情勢に影響を受ける業界でもありますが、配当利回りが高いこともあり、しばらくは大きく下落することはないと考えられます。

本書では、ロシアのウクライナ侵攻時の海運株の上昇は、第一次世界大戦時を想起させると述べていますが、川崎汽船のホームページにも「第一次世界大戦の勃発により船舶需要が世界的な高まりをみせる」とあります。「歴史は繰り返す」とはよくいったもので、相場を読むには、これまでのチャートの動きと併せて「歴史」を学ぶこともまた必要になってきます。

ちなみに、「好業績・高配当10銘柄」のうち、執筆時に私が保有しているのは、「東洋精糖」と「双日」（2768）の2銘柄です。

補足講義

中・上級者編に入る前に

ニューIPO銘柄に学ぶ「チャートの読み方」と「売買のタイミング」

初級者と中・上級者の違いは何か？

初級者の方にまずおすすめしたいのは、ウォーレン・バフェットのように、「よく知っている会社、日常的に利用している商品・サービスを手がける企業の株」を買うことです。実際にバフェットは、大好きな「コカ・コーラ」の株を購入してひと財産を築いています。

私の読み通りであれば、これから日本の株価が上がるのは目に見えているわけですから、値動きの激しい株や、難解な技術を活用しているDX銘柄につきものの「大きく下落するリスク」を、無理をしてまで冒す必要はありません。自分の好きな商品、よく利用しているサービスを提供している会社の株を買えばいいのです。

その際に参考になるのが、講義3、講義4でご紹介した「ブランド銘柄」「好業績・

高配当銘柄」のリストです。名前を聞いたことがある企業、実際に普段から利用しているモノやサービスを提供する企業も多くあったと思います。

では、中・上級者はどんな銘柄を選ぶのでしょうか。初級者と同じ視点で「ローリスク・ローリターン」銘柄を選んでいては、短期間に資産を増やすのは難しいでしょう。初級者が選ぶ企業は、潰れる心配がないかわりに、すぐに2倍、3倍、5倍になる可能性が低いからです。

中・上級者が選ぶべきは、半年、1年で、できれば2~3割アップするような銘柄です。そしてその際のポイントは、「まだあまり知られていない会社」を見つけることにあります。

多くの人が知らない株の代表格が「新興株」です。私は、ここ2~3年、あるいは5年以内くらいに上場した企業を「ニューIPO銘柄」と呼び、積極的に投資しています。ただし、ニューIPO銘柄の中には、上場後大きく値上がりしたあと、ナイアガラの滝のように一気に下落する銘柄も少なくありません。

ナイアガラの事例

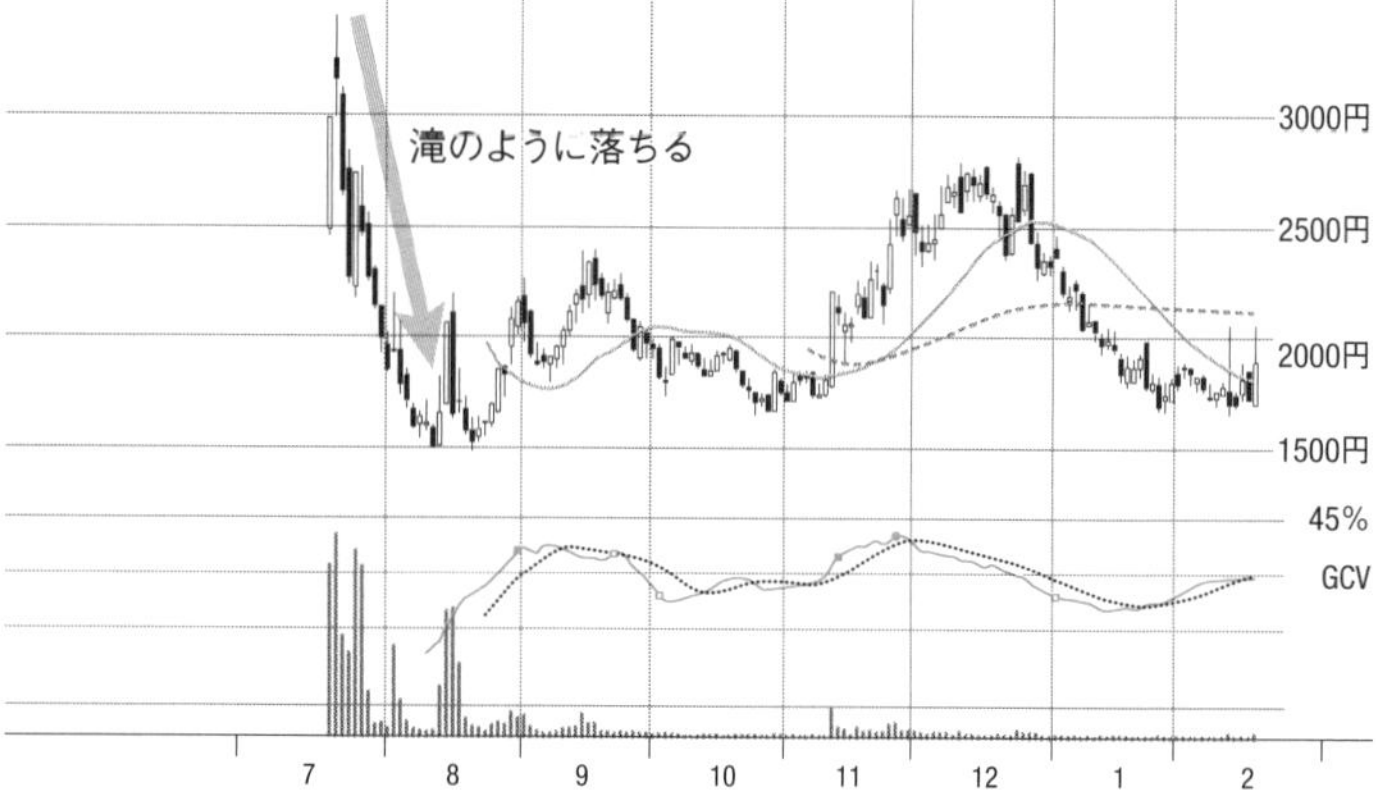

一方で、事業モデルもいいし、業績も好調にもかかわらず、なぜか株価が安値圏で放置されたままの株も多数存在しています。そういう株を見つけられれば、2倍、3倍、5倍、そして10倍**（10倍株のことを、投資用語ではテンバガーと呼びます）**も夢ではありません。この見極めもかなり難易度は上がりますが、最終講義である講義5でその一端を垣間見ていただきます。

もうひとつの着眼点は、**「PBR（株価純資産倍率）」**です。東京証券取引所が「PBR1倍割れ」企業に対して「改善」を要請したニュースを耳にした方も多いでしょう。この「PB

R1倍割れ」になっているという企業は、どんな企業なのでしょうか。

簡単にいえば、会社の価値（純資産）以下の株価になっている企業になります。たとえば、Aという会社の株をすべて購入するのに10億円必要だったとして、その会社の実際の価値（純資産）が15億円の場合、PBRは1倍割れとなります。

逆に、その会社の実際の価値が5億円であれば、PBRは1倍を超えていることになります。ちなみに、PBRの計算式は、「株価÷1株あたり純資産（BPS）」。1株あたりの純資産は「純資産÷発行済株式総数」で求めることができます。

つまり、東証は「本来の価値よりも株価を上げられない経営陣はけしからん。業績改善せよ。社内改革せよ」というメッセージを発したわけです。

たとえば、本書で紹介している銘柄の中でいえば、次のような企業のPBRは2023年8月現在、1倍割れとなっています。

「川崎汽船」＝PBR0・8倍
「日本製鉄」＝PBR0・8倍

注目銘柄リストに入れていることからもわかる通り、ＰＢＲ１倍割れの企業の中にも、いい企業はたくさんあります。現状は低く評価されているけれど、実力はある会社を見つけられれば、お宝株に化ける可能性が高いといえます。アンダーバリュー株の中から、あなたにぴったりのお宝株を探してみてください。

3つめの視点は、いまの時代を牽引するジャンル、AIを含むDX銘柄です。しかし、この銘柄を見極めるのは簡単ではありません。自分なりに目星をつけて、分析してみないことには、投資の判断ができないのです。

一体、何がそんなに難しいのか……少しでもリアルに感じていただくために、次の項目では私の実体験（それもごく最近のものです）を書き起こしてみたいと思います。

私の「Arent」投資に見る投資の悲喜こもごも

私は、2023年3月28日上場のニューIPO銘柄であり、DX銘柄でもある「Arent」（5254）に投資をしました。そして、複数回の売り買いを通して、「失敗」も「成功」も経験しました。**当然ながらプロでも失敗はしますし、しかもその失敗の理由は「頭ではわかっているのに実行に移せない」といったことだったりするわけです。**

その一端をみなさんに披露することで、投資の面白さや難しさを感じていただけたらと思い、この補足講義を書くことにしました。ぜひ、参考にしてみてください。

さて、本書が発刊される頃には、Arentの上場から半年程度経っていますので、すでにご存じの方も多いと思いますが、私がこの株に目をつけたのは上場前でした。

情報収集の意味もあり、私は５、６社の証券会社と取引していますが、そのうちの1社であるみずほ証券から「今度、主幹事を務めている企業が上場します」と連絡を受けたことがきっかけです。すぐに「アナリストレポートはありますか」とお伝えして、レポートを入手。

目を通したところ、「この株は大化けする可能性がある」と判断しました。「アナリストレポート」を読んだといっても、専門的な分析をしたわけではありません。

まず着目したのは、経営陣のプロフィールです。これは私が企業を分析する際、非常に注目する観点です。

たとえば、ホームページに掲載されている代表取締役社長（ＣＥＯ）の鴨林広軌氏の略歴は次の通りです。「京都大学理学部卒　株式会社ＭＵ投資顧問の株式運用部門にてアナリスト。その後２０１２年グリー株式会社に転職、２０１５年に独立し、Arent前身の株式会社CFlatに参画、現在Arentにて代表取締役社長」

他の主要メンバーのプロフィールにも「京都大学」、あるいは「京都大学大学院」

とあり、優れた頭脳集団であることがうかがえます。

もうひとつ注目したのは、建設業界に特化したＤＸ銘柄である点です。他の著書でもお伝えしているように、「ＤＸ」はここ数年の投資キーワードのひとつです。

たとえば、業種は違いますが、私が上場前から投資していた「ＳＨＩＦＴ」（３６９７）という企業の株価は、10倍どころか約20倍にまで成長しています。

いまテンバガーを探すならＤＸ銘柄、そんなジャンルなのです。

あっという間に4倍に！しかし……

ということで、期待に胸を膨らませ、上場したその日にArentの株を購入しました。その結果どうなったかといえば、上場日の3月28日の寄り付きが1802円。その後、1453円まで下がりましたが、私は「もっと上がるはずだ」と考えて、買い増しました。そうしたら、翌日にはストップ高。4月17日には一時6400円の高値を記録しました。つまり、上場から1カ月も経たないうちに、4倍になったことになります。私は売りませんでした。「この株はもっと上がる」という強い気持ちを持っていたからです。それは「欲」といい換えてもいいでしょう。

しかし、上がれば下がるのが株価です。そこから一転、4000円前後まで下落。おそらく多くの人がこのタイミングで売ったに違いありません。投資は人間の欲との

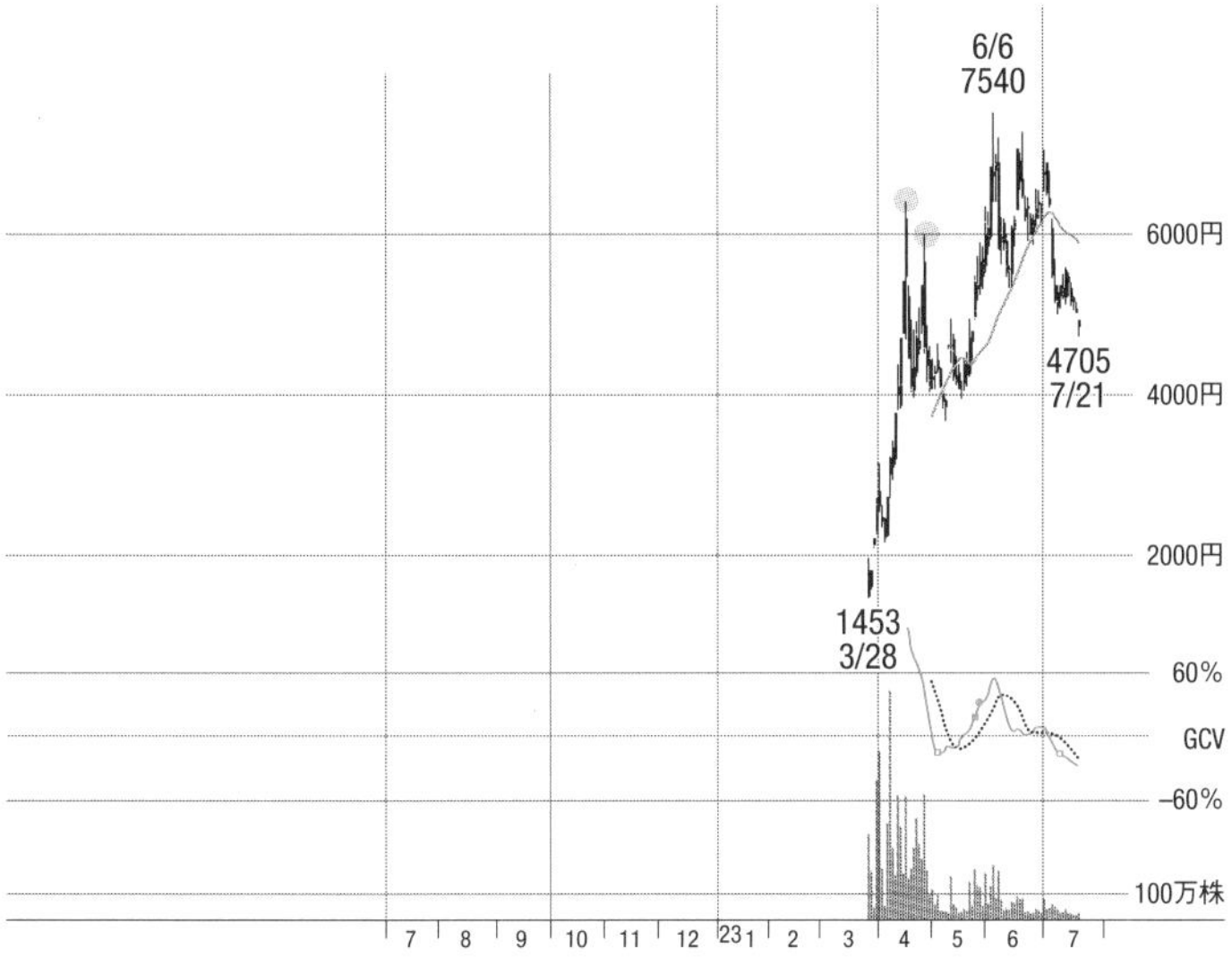

戦いです。この時点で私の買いコストは2000円台。すると、私の読みが的中し、もう一度、6000円台まで上昇したのです。

ここでワンポイントレッスンです。この時点のチャートをよくご覧ください。きれいにダブルトップを形成しています。これは天井のサインです。チャートの勉強をしている人であれば、ここで売らなければなりません。

「5000円まで下がって悔しい」と思ったとしても売らないといけません。たとえ、最終的に1万円まで上がるとしても、一度、売らないといけないのです。

しかし、一番天井の4月17日で売るのは至難の業です。なぜなら、6000円を超えて65

00円まで上昇するかも、と考えるからです。

では、どこで売るかといえば、二番天井をつけて下がってきたタイミングです。

しかし、私は売れなかった。DX関連のニューヒーロー、本命株で、株価はもっと上がると思ったからです。何十年もチャートを勉強しているのに売れませんでした。欲が勝ってしまったからです。その結果、どうなったかといえば、再び4000円台まで下落しました。

まるで関ヶ原の戦いのような「一進一退の攻防」

Arentのもうひとつのハイライトは、業績発表日だった5月11日です。

一般論として、「業績がよいだろう」と考えている人が多ければ、業績発表日に向けて株価はじわじわ上がっていきます。反対に、「業績は悪いのではないか」と考える人が多ければ、株価はじわじわ下がっていきます。

このときはまさに後者で、5月11日に向かって株価はじわじわ下がっていきました。私は「業績が悪い」とは思いませんでしたが、市場を見て弱気になりました。「業績がよいのであれば、じわじわ下がったりしないのではないか……」と考えて、持株の半分を売ってしまったのです。

翌朝の株価はどうだったかといえば、4610円のストップ高になりました。発表された業績が予想以上によかったからです。

蓋を開ければ好業績を受けてストップ高になったことを考えると、週明けの5月15日もストップ高になる可能性は十分ありましたが、実際にはそうはなりませんでした。翌日の終値は前日から5円アップの４６１５円に留まったのです。

では、この「5円アップ」をどう読むべきか。

前日より5円の幅分、「上窓」を開けています。これは買いのサインです。しかし、寄り引け同値ですから油断はできません。４６１５円で始まり、４６１５円で終わるという、なんとも芸術的な値動きとなりました。

関ヶ原の戦いでいえば、互角だった午前中のような状態です。東軍が勝つのか、西軍が勝つのか、この時点では、まだなんともいえません。陽線が出る可能性と陰線が出る可能性は五分五分ですが、陰線が出たなら撤退方法を考える必要があります。

そして結果的には翌5月16日の終値は４２２５円となり、5月19日の底に向かって、じわじわと下がっていきました。

しかし、ここで終わらないのが、この株のおもしろいところです。なんと底から一直線に上昇し、6月6日には一時7540円を記録。その後は上下を繰り返しながら、7月21日現在の終値は4705円となっています。

これは業績見通しが良いという見方が広がったからです。

どんなに良いと思った株も、チャートや波動の教えに従って売らなければならないのです。

株式投資は「宝くじ」よりも可能性が高い!?

ここまで解説した値動きを見て、多くの方は「全然動きが読めないじゃないか」と思ったことでしょう。その通り、Arentは、初心者にとっては怖くて手を出せない銘柄です。しかし、普通の人が買えないからこそ、上がる可能性があるのです。みんなが喜んで買う株は、安心感がある一方で、大きく上がる可能性は少ないわけです。

いきなりハイリスク・ハイリターン銘柄に手を出すのはおすすめしませんが、低リスクの株式投資に慣れてきたなら、100株でも構いませんので、ニューIPO銘柄への投資を選択肢に入れてみてもいいかもしれません。

私がこのように書ける理由でひとつだけはっきりといえるのは、大きく下落する可能性はあるとはいえ、宝くじを買うよりは、圧倒的に「お金持ちになれる確率」が高いということです。

そして一度買ったなら、多くの人は「この銘柄はいつ売るべきだろうか」「いつまで上昇するだろうか」と考えながら（おそらく手に汗握りながら）、日経新聞を読んだり、同じ業種の企業の株価を見たりと、自分で調べて必死に勉強します。結果的に上がっても、下がっても、そこで学んだことが次に活きてくるのです。

結局、身銭を切って、自分で考えて投資をし、成功も失敗も体験しないと、真に「体験した」ことにはなりません。投資以外のことすべてにも当てはまりますが、この「体験」を抜きに上達することもありません。

私も、バブルをはじめ山も谷も越えて投資歴50年を数えながら、Arent株をダブルトップで売れなかった苦い経験をしたことで、次はもっと上手に売買してやろうと思いを新たにしているところです。

しかし何年経っても、「カイ」より「ウリ」が難しいというのが、投資の世界の定説です。

5 講義

短期間で10倍になる可能性もある一方、数週間で資産が1/2、1/3になってしまう可能性も。勝つか負けるかは、投資家の腕次第の銘柄です。

余裕がある人はハイリスク・ハイリターン銘柄で冒険！

ハイリスク・ハイリターン銘柄

1 フジ日本精糖

2114 東証スタンダード

好業績・高配当銘柄のリストに掲載した「東洋精糖」(2107)の配当利回りも抜群でしたが、本項で紹介する「フジ日本製糖」も執筆時点では3・5%程度と高い数字をつけています。また、時価総額も320億円と小さいため、いったん動き始めたらスピーディに上昇する可能性を秘めた銘柄といえます。

株価は2023年5月後半に大きく窓を開けて上昇、上窓は「買いのサイン」です。実際、5月8日に487円だった株価は、わずか2カ月で2倍近く上昇しています。「ラインの放れ」が株価上昇につながった典型例のような動きといっていいでしょう。7月21日の864円の高値で買うのは勇気がいるかもしれませんが、上昇している株はさらに上昇する可能性があるため、私は7月26日の寄り付きで追加購入しま

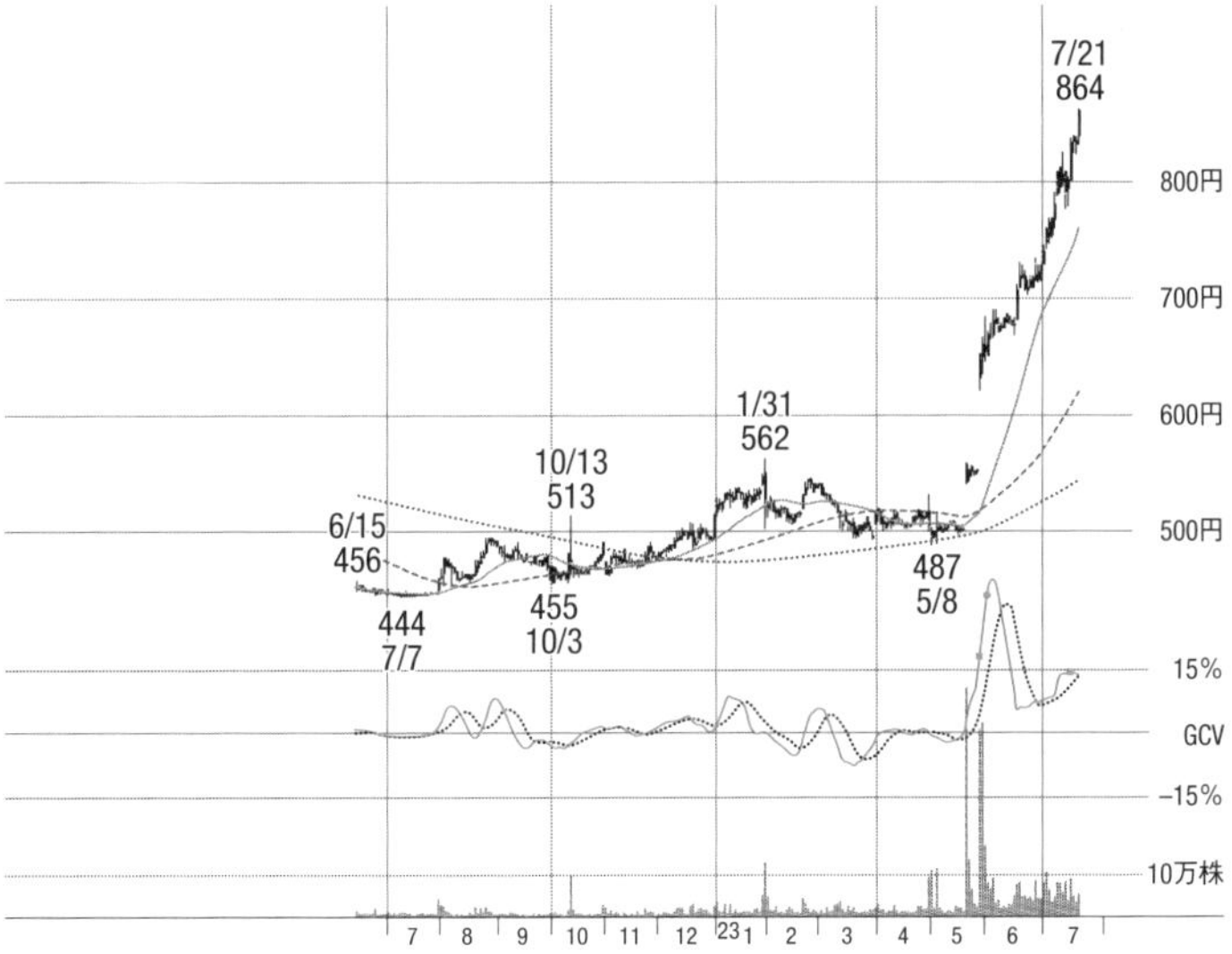

した。

２０２３年後半の投資テーマのひとつは「食」です。２０２３年４月以降の賃上げにより、消費が拡大し始めると、外食産業を中心に業績が上向いていくでしょう。**また、砂糖、小麦粉、油などの値上げも続いているため、「食」関連の企業の売上が増加するのは明らかです。**

なおフジ日本精糖は、２００１年に「フジ精糖」と「日本精糖」の合併により誕生。もともと日商岩井系の企業だったため、本書で紹介している「双日」（２７６８）が30％の株式を保有しています。

ハイリスク・ハイリターン銘柄

2

丸千代山岡家

3399　東証スタンダード

前項の「フジ日本精糖」に続き、本項の「丸千代山岡家」も「食」関連株です。ホームページによると、1980年に弁当のFC店からスタートした丸千代商事ですが、その後、競合とのビジネスが激化したこともあり、「会長自身の好物であったラーメン」事業を、茨城県牛久市で開始。1993年に設立した「山岡家」と「丸千代商事」が合併する形で、2002年に「丸千代山岡家」が誕生。北は北海道から、南は福岡まで170店舗以上展開しています。スープは豚骨で「ガツンと来て、くせになる」味とのこと。もうひとつ特徴的なのが、大半の店舗が24時間営業である点です。

株価は2023年1月30日の底値から一気に上昇し、半年足らずで2・5倍に。売

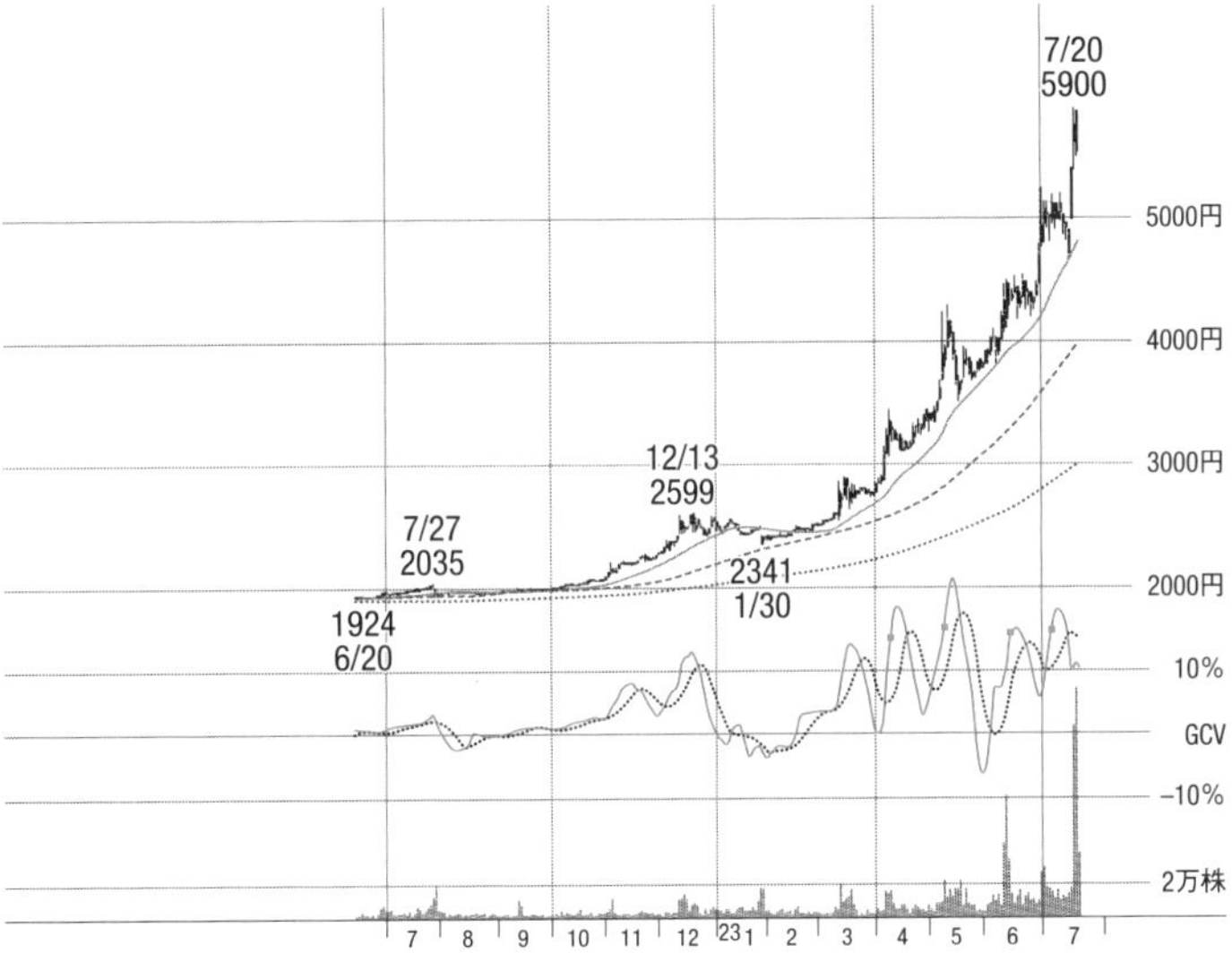

上もコロナ禍の影響をものともせずに右肩上がりで上昇。２０１９年１月期に１２８億円だった売上は、２０２３年１月期には１８６億円、さらに２０２４年１月期は２０３億円に増加する見込みとなっています。

すでに上がっている状況ですので、購入した瞬間「天井」を迎える可能性もゼロではありません。しかし、上がっている株を買うのが上級者ですので、ハイリスク・ハイリターンを覚悟のうえで企業のポテンシャルを判断し、興味のある方は勝負していただければと思います。

ハイリスク・ハイリターン銘柄 3

ウェルス・マネジメント

3772　東証スタンダード

業種としては「不動産業」に分類されますが、単なる不動産業ではなく、不動産ファンドを活用して高級ホテル等への投資・運営を行なっています。このビジネスモデル自体は、日本の投資家にはわかりにくい面があるのは事実でしょう。ただ、アメリカのニューヨークや西海岸等では積極的に活用されている手法であり、不動産と金融を組み合わせた最先端のモデルを日本で実践している会社といえるかもしれません。グループが運営するホテルには「アロフト大阪堂島」「フォションホテル京都」「ギャリア・二条城 京都」等があります。現在運営中のホテルは関西圏に集中していますが、箱根や北海道等でも計画が進行中のようです。

ラグジュアリーホテルの需要は国内客にとどまりません。京都、大阪、箱根、北海

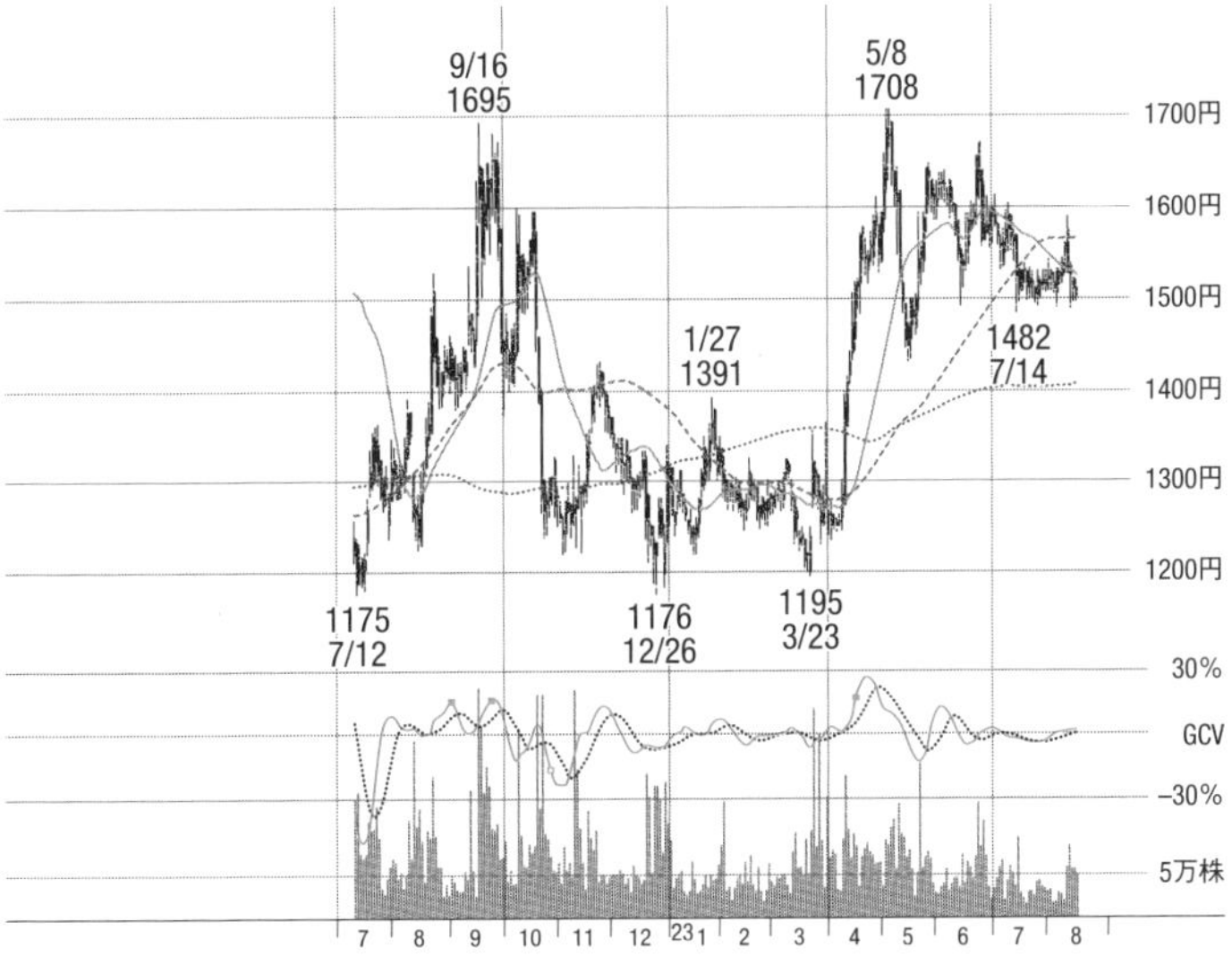

道等は外国人観光客にも人気のエリアです。株価は2023年5月8日に1708円の高値をつけたあと、1500円近辺で揉み合っています。

では、「安値圏」とも考えられる株価は今後、どのように推移していくでしょうか。先述したビジネスモデル、さらには手掛けているホテルの立地等を考慮して予測すると、大きく上昇する可能性は十分あると私は考えています。2024年3月期の経常利益は増収増益予想。

ハイリスク・ハイリターン銘柄というのは、上へも下へも大きく変化する特徴をもっています。とくに高値圏で横ばいしている株価が動き出すのに注目してみてはいかがでしょうか。

4

ヘッドウォータース

4011　東証グロース

本書で紹介している銘柄の中で、とくに値動きが激しく、ドラマティックな動きをしているものを挙げよといわれれば、「Arent」（5254）、「ソシオネクスト」（6526）、そして本項で紹介する「ヘッドウォータース」の3銘柄になります。

ボラティリティ（価格変動の度合い）の高い銘柄は、ハイリスク・ハイリターンですから、初級者が手を出すと痛い目に遭う確率が高い一方、実際に投資をするかしないかにかかわらず、中・上級者向けのレッスンとしては最適な銘柄ともいえます。

チャートは、「ラインの放れ」の典型例のような動きをしています。2023年4月、上に窓を開けて一気に上昇。7月3日には1万6630円をつけています。ちなみにこの銘柄は、6月30日に「1対2」の株式分割を実施しています。株式分割と

は、1株を細かく分けることです。たとえば1株を2株に分割すると、株主の持つ株の量は2倍になりますが、1株あたりの価値は半分になります。株式分割は、株の流通量を増やしたいときなどに行なわれます。

さて、話をチャートに戻します。半年で5倍になったあとに下落し、7月20日には1万600円となっていますが、**この状況で注目すべきは「下落幅」です。**

出発点を2022年12月26日の1630円（分割後の価格）とすると、2023年7月3日までに「1万5000円」上昇したことがわかります。1万5000円の2分の1は「7500円」。つまり、**そこを持ちこたえるかどう**

かがひとつの目安となる「半値押し」は9000円近辺になりますから、9000円くらいで持ちこたえることができれば、再び上昇する可能性が高くなる。これが「値段」の読みになります。

もうひとつ重要なのが、「日柄」の読みです。たとえば、「3月またがり60日」の波動に従うと、9月3日あたりに再び上昇してくる可能性も考えられます。

あるいは、次のような読みもできます。1万600円が一番底の場合、一度上昇します。半値戻しとなるなら、1万6630円から1万600円を引いた値の半分、つまり、3000円程度上昇したあとに再度下落して二番底を形成したのち、本格的に上昇することになります。こちらの読みで購入を検討するのなら、二番底をつけるタイミングを注視しておくことになります。複数のシナリオが考えられます。

100株購入する場合でも100万円以上必要になりますので、初級者の方は手を出さずにレッスンとして眺めておくのがよいでしょう。

本書執筆中、8月14日に第2四半期決算発表で赤字転落となり、2日連続でストップ安。しかしその後の17日、18日は逆に連続のストップ高となっています。

ハイリスク・ハイリターン銘柄

5 ANYCOLOR

5032　東証プライム

こちらは2022年6月に上場した「ニューIPO銘柄」です。社名は知らなくても、ANYCORが運営を手がけているVチューバーグループの「にじさんじ」を知っている方は多いでしょう。「にじさんじ」には、約150名のバーチャルライバーが所属し、チャンネル登録者数の合計は5000万人を超えているそうです。

上場以来、売上も爆発的に増加しており、時価総額はおよそ2100億円（ちなみに、人気ユーチューバーを多数抱えるUUUM〈3990〉の時価総額は140億円）。

株価は、2022年10月27日に6895円の高値をつけたあと、下に窓を開けて大きく下落し、2023年3月15日には1965円の安値を記録。6895円の高値近辺で摑んだ人は、投資額の3分の2以上を失ったことになります。

ただ、その後は上に窓を開けて再び上昇。6月21日には4460円の高値をつけています。波動の法則に従うなら、このタイミングで一度売らなければなりません。なぜなら、本格的に上昇するのは、二番底をつけたあとだからです。

戻り高値が下げ幅の半値戻しあたりだと考えるなら、ちょうど6月21日の4460円近辺になります。計算式は以下のとおりです。

○下げ幅：6895円－1965円＝4930円

○半値戻し：4930円÷2＋1965円＝4430円≒4460円

1965円で買って、4460円で売るのが理想です。それだけでも1株あたり約2500円の利益となります。理想通りとまではいかなくても、波動の法則を知っているのと知らないのとでは、大きな違いを生むことになる好例といえるでしょう。

では、4460円をつけたあとの買い場はどこになるでしょうか。次の下落が「3分の1押し」で留まるとするなら、3600円近辺がねらい目です。計算式は次のとおりです。

○上昇幅：4460円－1965円＝2495円

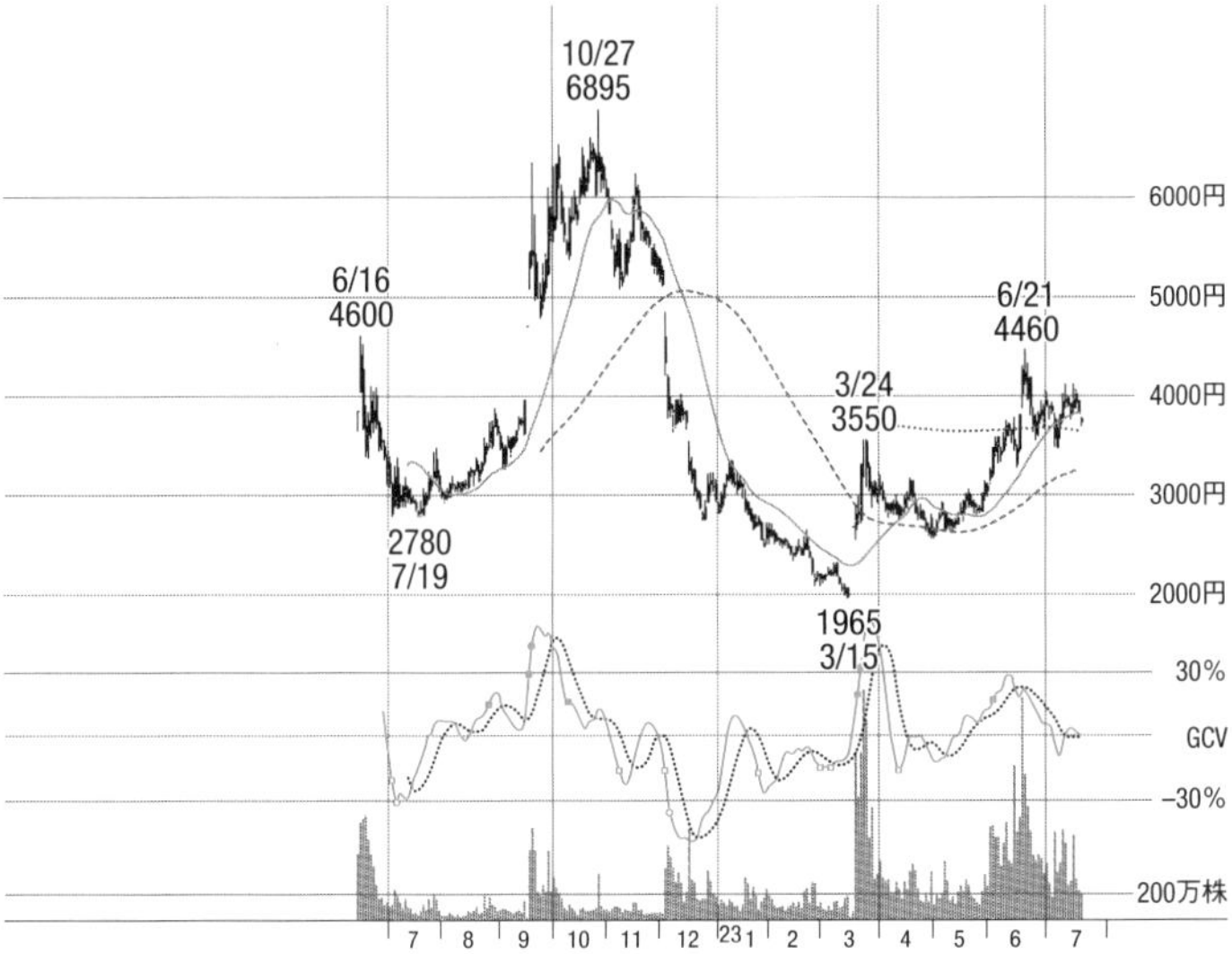

○3分の1押し：（4460円－2495円）÷3≒3628円

この買い場は、「下がってきたときは、前の山で止まる」という波動の法則からも導き出せます。この場合の「前の山」は、3月24日の3550円です。**もしこの3550円を下回ると、再び上昇するまでにしばらく時間がかかる可能性が出てきます。**

チャートを見るときは、ひとつの読み方だけでは不十分です。とくにボラティリティの高い銘柄の場合は、複数の読み方を併用して、自分なりの仮説を構築したうえで勝負していただければと思います。

ハイリスク・ハイリターン銘柄

6 Arent

5254　東証グロース

Arentについては、補足講義ですでにハイライトをお伝えしましたね。ここではさらなる後日談を書きます。補足講義で、この株のおもしろいところは「下がったまま終わらないどころか、底から一直線に上昇し、高値をつけたところ」だと書きました。

6月6日には一時7540円を記録。その後は上下を繰り返します。そしてこの6月6日の「一時7540円」を記録、ここからが、この銘柄の3つめのハイライトです。

私は本書で繰り返し「ダブルトップで売らなければならない」とお伝えしてきましたが、それは「トリプルトップ」でも同じです。チャートにきれいなトリプルトップが見て取れます。しかしなんと、ここでも私は「天井」で売れませんでした。躊躇し

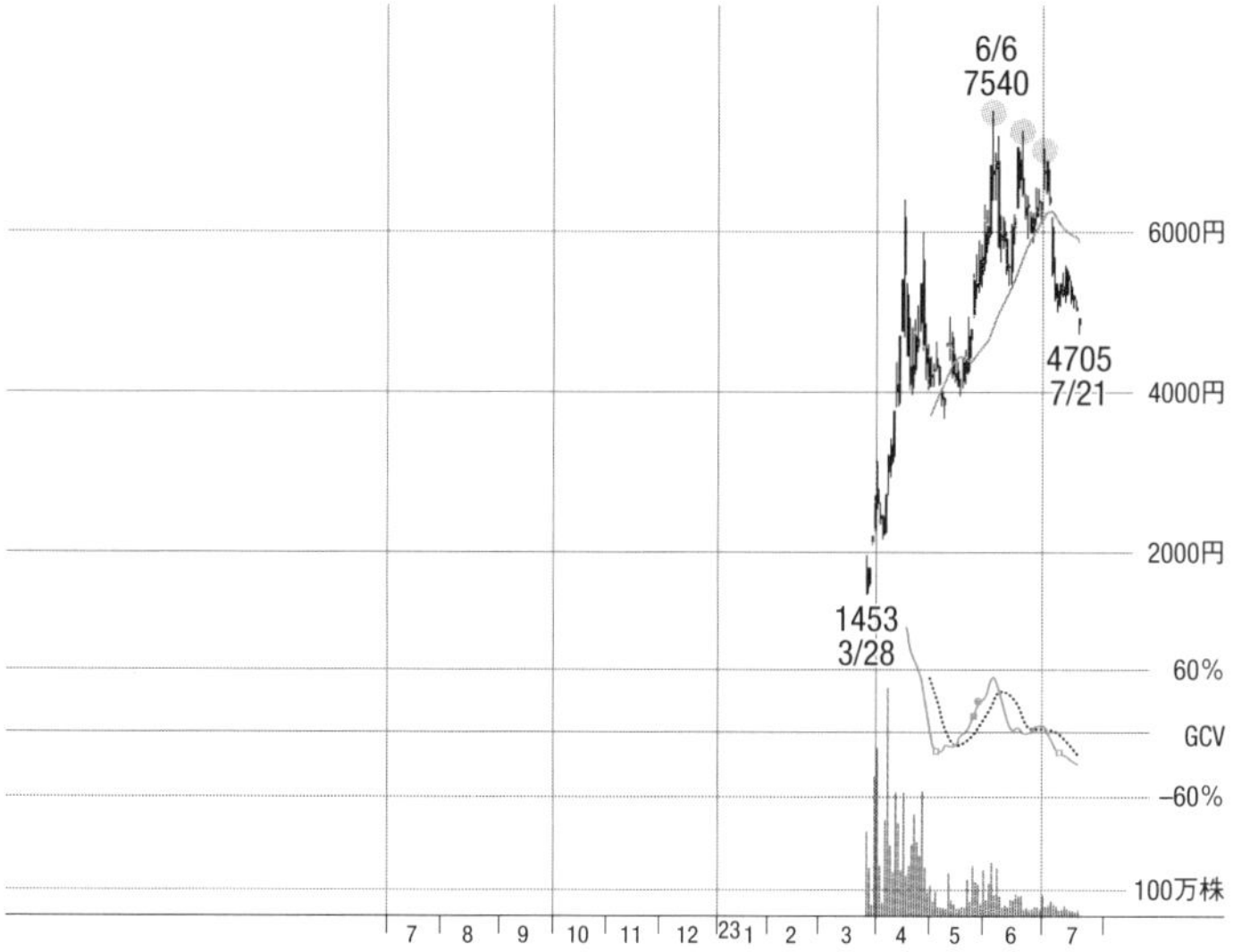

ている間に株価は大きく下落し、7月21日には4705円に。

投資において、「躊躇」は禁物です。ちなみに、先日私は、1ドル138円台になったら「ドル」を買おうと思っていたところ、午前中に「138円台」になったことがありました。しかし、その日は仕事が立て込んでおり、一段落した午後にもう一度確認したところ、「139円台」に。139円台でも買ってしまえばよかったのですが、そのときの私は一瞬「躊躇」してしまい、あっという間に「140円台」に……。私の経験を他山の石として、躊躇は禁物と肝に銘じていただければと思います。

ハイリスク・
ハイリターン銘柄

7

大阪チタニウムテクノロジーズ

5726　東証プライム

1937年設立時の社名は「大阪特殊製鉄所」。その後、住友金属工業、神戸製鋼所が相次いで資本参加。複数回社名変更したのち、2007年に「住友チタニウム」から現在の社名に変更しました。航空機等に使用される「スポンジチタン」を手がけており、私がいま注目している防衛関連銘柄のひとつといえます。

高品質のスポンジチタンを生産する企業はロシアにも複数社存在していますが、とくにロシアのウクライナ侵攻後、西側諸国がロシア産を避ける傾向に拍車がかかり、高い技術力を有する「大阪チタニウムテクノロジーズ」、「東邦チタニウム」（5727）への注文が増えているそうです。

株価は、ロシアのウクライナ侵攻と時を同じくして上昇を開始。2022年11月9

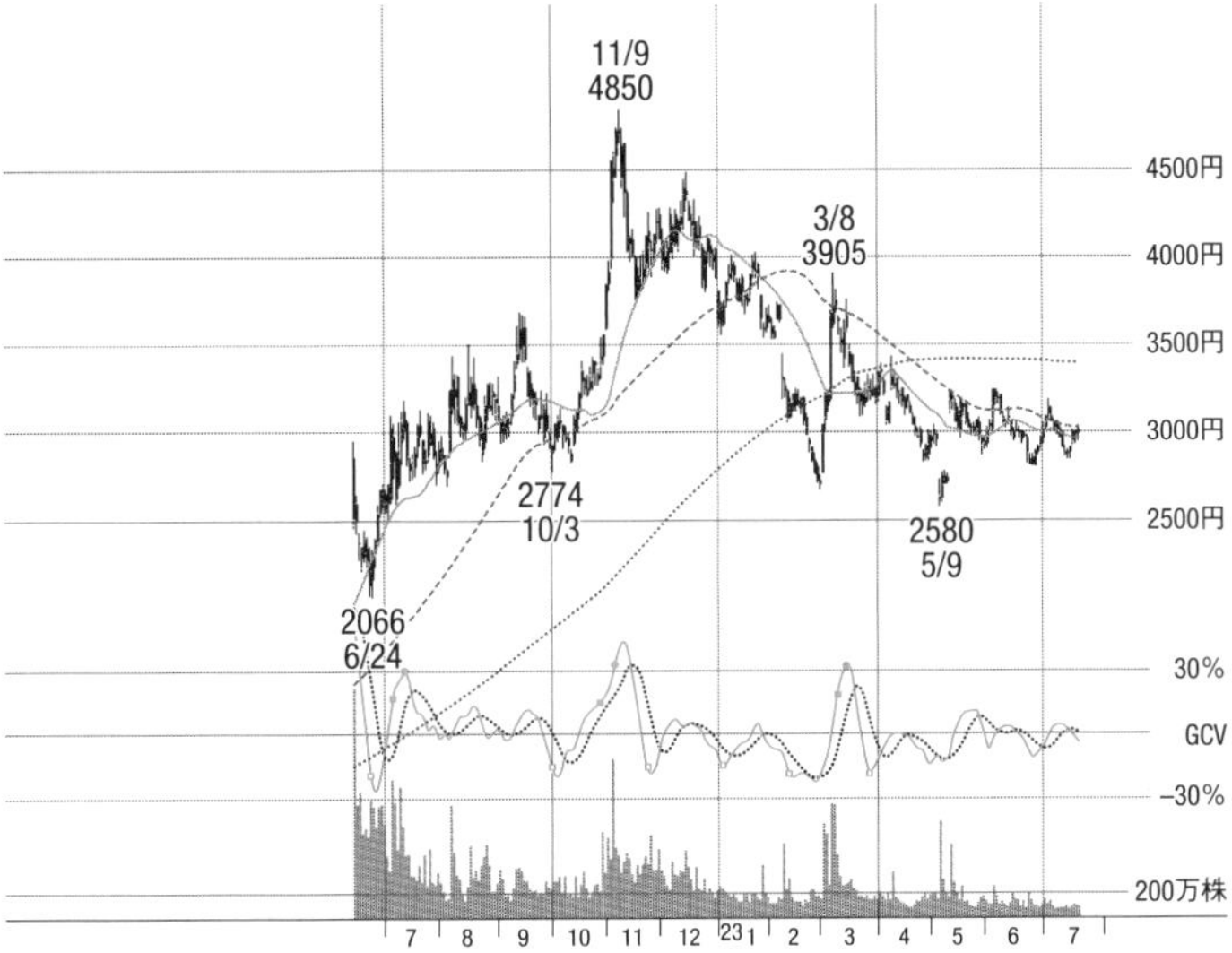

日には4850円の高値を記録。その後は3000円前後で推移していますが、いずれ再び上がるのは間違いないでしょう。それがいつかはわかりませんが、露ウが停戦合意したとしても、ウクライナの復興には「鉄」が必要になります。世界各国も次の戦争に備え、防衛力の強化に動くなら、さらなる需要が生まれることでしょう。

本書が刊行されたあとの10月下旬から11月にかけて、同社を含めた3月決算の企業の中間決算が発表されます。私は大阪チタニウムテクノロジーズに関しては相当よい内容となり、その影響で株価も上昇すると読んでいます。

ハイリスク・ハイリターン銘柄

8

ソシオネクスト

6526 東証プライム

ソシオネクストは、Arentと比べても遜色ないくらい劇的な動きをしている半導体関連銘柄です。2022年10月上場時に3690円をつけたあと、一本調子に上昇。11月にはその年の高値である7180円をつけ、年末に5360円まで下がりはしましたが、**2023年に入ってからは、ぐんぐん上昇し、3月に1万円超え、5月に1万5000円超えとなり、6月21日には2万8330円の高値を記録。出発点の3690円と比較すると、約8カ月で7倍以上値上がりしたことになります。**

ここまででも十分ドラマティックですが、2万8330円の高値をつけたあと、いったん下落し、再度上昇を始めたタイミングで、日本政策投資銀行（7月時点で15％保有の大株主）、富士通（15％保有）、パナソニックホールディングス（7・5％保

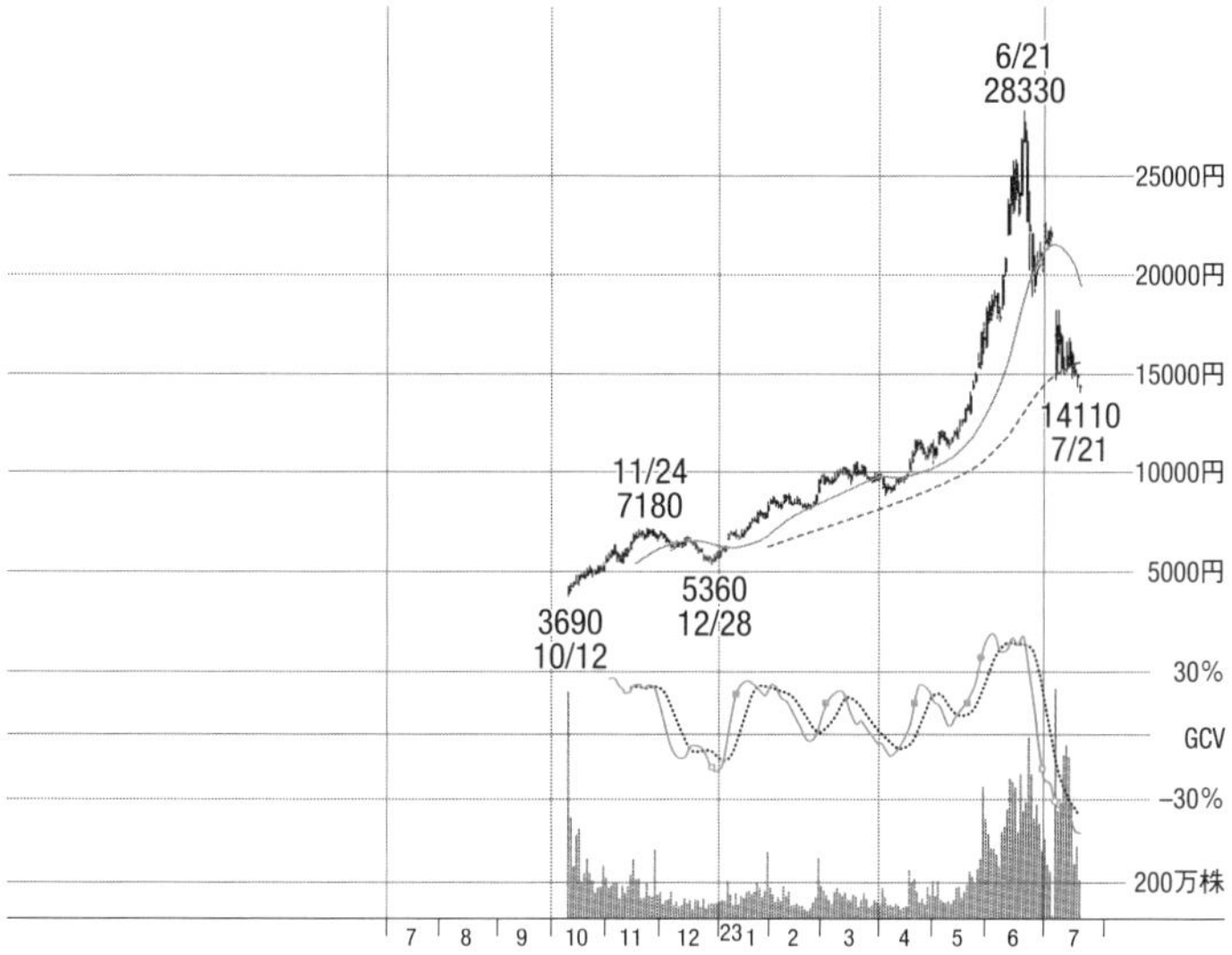

有）が売却を発表——**突然の出来事に、発表後すぐにストップ安となり、私も損切り覚悟で売却しました。**本書執筆現在、私が考えていることは「いつ底入れするか」です。

3社の株式は海外の市場で売却されましたが、海外の投資家も儲けないといけません。ということは、どこかのタイミングで再び上昇してくる可能性が高いと考えられます。**現時点では、下げ幅の半値戻しはあり得ると考えています。**具体的には、6月21日の高値である「2万8330円」から、7月21日の「1万4110円」を引いた値の半分が「7110円」。「1万4110円」に「7110円」を足した「2万1220円」まで戻る可能性は十分あります。

ハイリスク・ハイリターン銘柄

9

GENDA
9166 東証グロース

2023年7月に上場したばかりの「ニューIPO銘柄」です。手がけている事業はアミューズメント施設の運営、アミューズメントマシンのレンタル、オンラインクレーンゲームの運営等であり、2021年には台湾の施設の運営事業も譲り受けています。国内においては、2020年に「セガ エンタテインメント」の株式85・1%を取得し、2022年には100%子会社化しています。

現状の「円安」が続き、「インフレ」に向かうことで景気が上向き、個人の消費が拡大していけば、娯楽産業の売上も大きく上昇する可能性を秘めています。東京ディズニーランド、ユニバーサル・スタジオ・ジャパン、富士急ハイランド等の施設が訪日観光客にも人気があることを考えれば、日本のアミューズメント分野は極めて有望

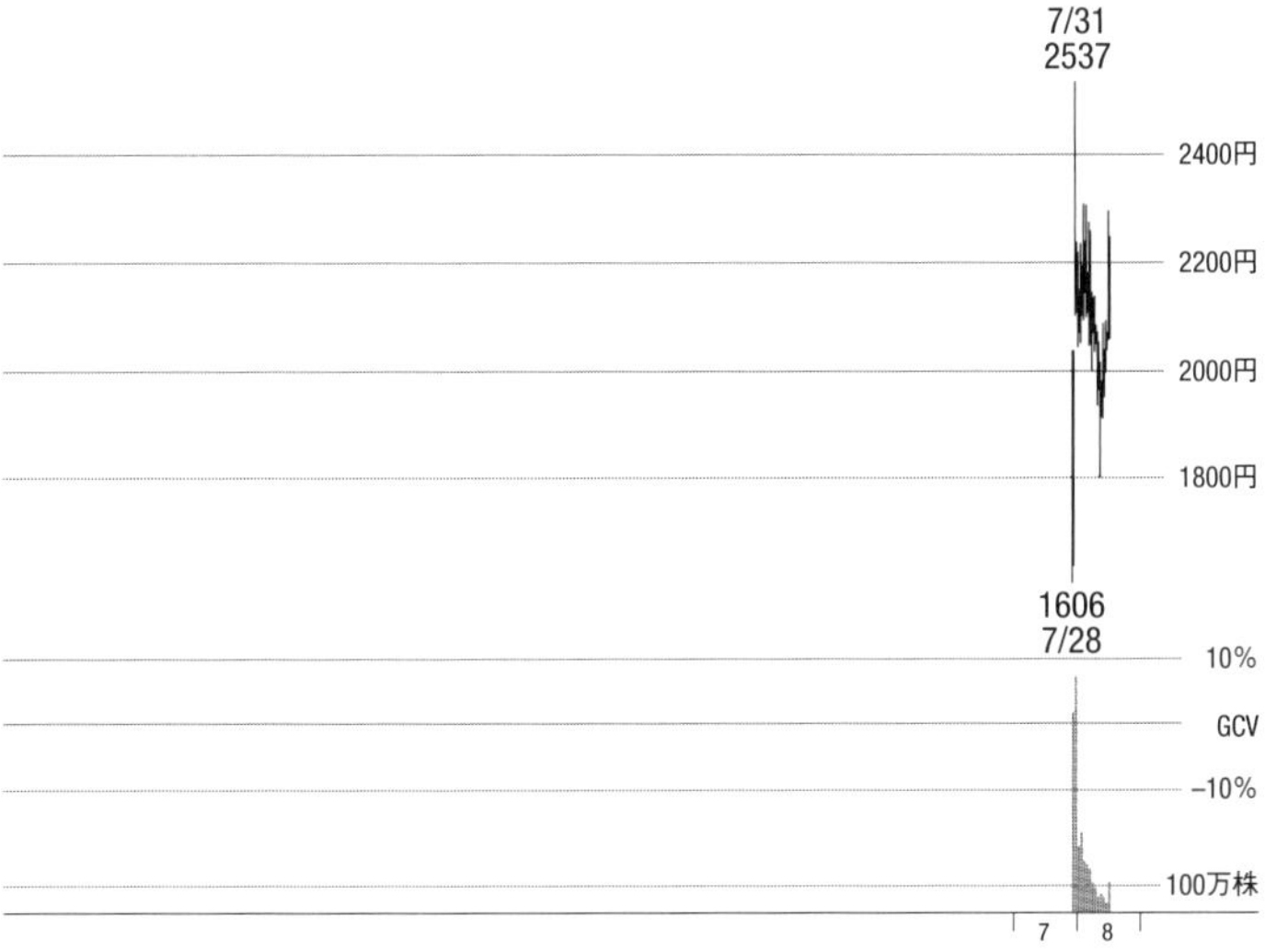

といってよいでしょう。

これは日本だけのトレンドではなく、アメリカでも、「エンターテインメント」は、「バイオ」「ハイテク」関連と並んで有望な投資分野のひとつと考えられています。

上場したばかりとあって、株価は安定していませんが、2023年8月23日時点で時価総額はすでに900億円を超えています。ホームページの代表メッセージに「GENDAが目指すのは世界一のエンターテイメント・テックカンパニー」とあるように、今後、時価総額1000億円を目指す展開になれば、株価はさらに上昇していくことでしょう。

ハイリスク・ハイリターン銘柄 10

丸紅建材リース

9763　東証スタンダード

丸紅系の建設仮設材リース大手。講義4で紹介している「東洋精糖」（2107）同様、筆頭株主として丸紅が36・8％の株式を保有しています。主要取扱商品として、鋼矢板、H形鋼、鋼製山留材、覆工板、敷鉄板などがあり、ビルの建設、河川・上下水道の整備時などに欠かせない資材を提供している会社です。

ホームページの社長挨拶に「コロナ禍後の新常態においても、首都圏を中心とした大規模再開発や国土強靭化に関連する各種インフラ土木整備、リニア中央新幹線や万国博覧会関連の建設需要などがあり、当面堅調な地合いが続くと見込まれます」とあるように、**今後しばらくの間、建設需要が大きく低迷することはなさそうです。**

そうした状況を反映するかのように、株価は非常に強い動き方をしています。20

２２年後半に底値圏を形成したあと、２０２３年に入ってからは大きく上昇。２０２３年の安値である１７１２円と比較すると、一時、９００円以上も値上がりしたことになります。配当利回りは約４％と高く、時価総額も88億円と小さいため、ちょっとした買いが入るだけで大きく上昇する可能性を秘めています。そのため、可能であれば、安値圏で購入し、長期で保有したい銘柄のひとつといえます。

あとがき　明るい未来へ

『一生お金に困らない人の株式投資術』、いかがでしたでしょうか？　読む前よりも投資についての理解が深まった、知らないことを知れた、何より投資をやってみようと思った、といった感想をもっていただけたなら嬉しいです。

一生お金に困らない人生を構築するには、誰かのいうことを鵜呑みにするのではなく、自分なりに情報を集め、つなげ、シナリオを描く投資頭脳が必要です。

最後に、私が本書執筆現在考えている未来について少し記しておきたいと思います。

まずは日本国内。政治は水物ではありますが、本書が刊行される9月頃には内閣改造、解散総選挙が行なわれるかもしれません。アベノミクス以来、内閣改造や選挙は「買い」ですから、秋から冬にかけて「株高」になるというのが、私の読みです。

執筆現在の日経平均株価は、3万1000～3万2000円近辺でもみ合っています。大きく下がらずにもみ合っているのは、少し下がったとしても、それ相応の買いが入るためです。これは**「中段保《も》ち合《あ》い」**と呼ばれる状況であり、**次の上昇局面の準備期間**と捉えることが可能です。

国外では、２０２４年11月の米国大統領選挙、ロシアとウクライナの戦争の行方、そして米国中央銀行、ＦＲＢのインフレとの戦いの行方などをメイントピックとして市場を見ていくことになります。

世界にはパンデミックや戦争など、予測の難しい災難も起こります。しかし人間はその度に知恵を出し、科学技術を発展させ、進化していくものだと思います。

あなたの目には、どんな未来が映っているでしょうか？

その未来が（時に苦難はあれど）明るいものであり、その明るい未来の一助に、本書でお伝えした株式投資術がなれていることを心から願っています。もう一度言います。日本の未来は明るい。これから徐々に明るくなります。そして日本株の黄金時代の足音が聞こえてきます。

最後までお読みくださり、ありがとうございました。

菅下 清廣（すがした・きよひろ）
スガシタパートナーズ代表取締役。国際金融ストラテジスト。投資家。学校法人立命館 顧問。メリルリンチをはじめとする名門金融機関で活躍後、現職。「経済の千里眼」の異名を持ち、政財界にも多くの信奉者を持つ。著作多数。

50年間投資《ねんかんとうし》で食《た》べてきたプロが完全伝授《かんぜんでんじゅ》！
一生《いっしょう》お金《かね》に困《こま》らない人《ひと》の株式投資術《かぶしきとうしじゅつ》

2023年 9 月29日 初版発行

著／菅下《すがした》 清廣《きよひろ》

発行者／山下 直久

発行／株式会社KADOKAWA
〒102-8177 東京都千代田区富士見2-13-3
電話 0570-002-301（ナビダイヤル）

印刷所／凸版印刷株式会社
製本所／凸版印刷株式会社

●お問い合わせ
https://www.kadokawa.co.jp/（「お問い合わせ」へお進みください）
※内容によっては、お答えできない場合があります。
※サポートは日本国内のみとさせていただきます。
※Japanese text only

定価はカバーに表示してあります。

ISBN 978-4-04-606509-4 C0033